GLI IMPRESSIONISTI

Autori dei testi
Maria Teresa Benedetti, Alessandra Borgogelli, Elena Capretti, Enrica Crispino, Anna Maria Damigella, Ilaria Del Secco Cappelli, Bernard Denvir, Gabriella Di Cagno, Gérard-Georges Lemaire, Giovanna Nicoletti, Maurizia Tazartes, Marisa Vescovo

Revisione redazionale
Gabriella Di Cagno

Redazione e videoimpaginazione
Fabio Filippi

Cartografia
Grafica Eletti, Roma

Ricerca iconografica
Claudia Hendel, Antonella Rapaccini

Copertina
Rocío Isabel Gonzàlez

ISBN 88-09-21540-0

Prima edizione: marzo 1998

Ristampa	Anno
9 8 7 6 5 4 3	2006 2005 2004 2003 2002

Stampato presso Giunti Industrie Grafiche S.p.A. - Stabilimento di Prato

SOMMARIO

I *Gli inizi* . . . p. *6*
La Parigi del barone Haussmann . . . » *31*

II *Le mostre* . . . » *32*
La critica del tempo . . . » *45*

III *I luoghi* . . . » *46*
Parigi . . . » *48*
La Senna e la Val-d'Oise . . . » *52*
In Normandia. Sulla Manica . . . » *58*
La fotografia . . . » *61*

IV *I soggetti* . . . » *62*
Il nudo . . . » *64*
Il ritratto . . . » *68*
Il giardino . . . » *70*
La campagna . . . » *72*
Il fiume . . . » *74*
Il mare . . . » *76*
La città e i boulevard . . . » *78*
Il treno . . . » *80*
Il lavoro . . . » *82*
L'ozio . . . » *84*
Il caffè . . . » *86*
Il teatro . . . » *88*
Modelle e compagne . . . » *90*
Il mercante Durand-Ruel . . . » *91*

V *La tecnica* . . . » *92*
Il mercato . . . » *109*

VI *L'ambiente* . . . » *110*
Il caffè della Nouvelle Athènes . . . » *125*

VII *I personaggi* . . . » *126*
Lo scrittore: Zola . . . » *141*

VIII *I protagonisti* . . . » *142*
Edouard Manet . . . » *144*
Claude Monet . . . » *148*
Pierre-Auguste Renoir . . . » *152*
Camille Pissarro . . . » *156*
Alfred Sisley . . . » *158*
Edgar Degas . . . » *160*
Paul Cézanne . . . » *164*
Le donne . . . » *168*
I minori . . . » *170*
Gli eredi: Vincent van Gogh . . . » *172*
Gli eredi: Paul Gauguin . . . » *176*
Gli eredi: Georges-Pierre Seurat . . . » *180*

Indice analitico . . . » *185*

Gli impressionisti

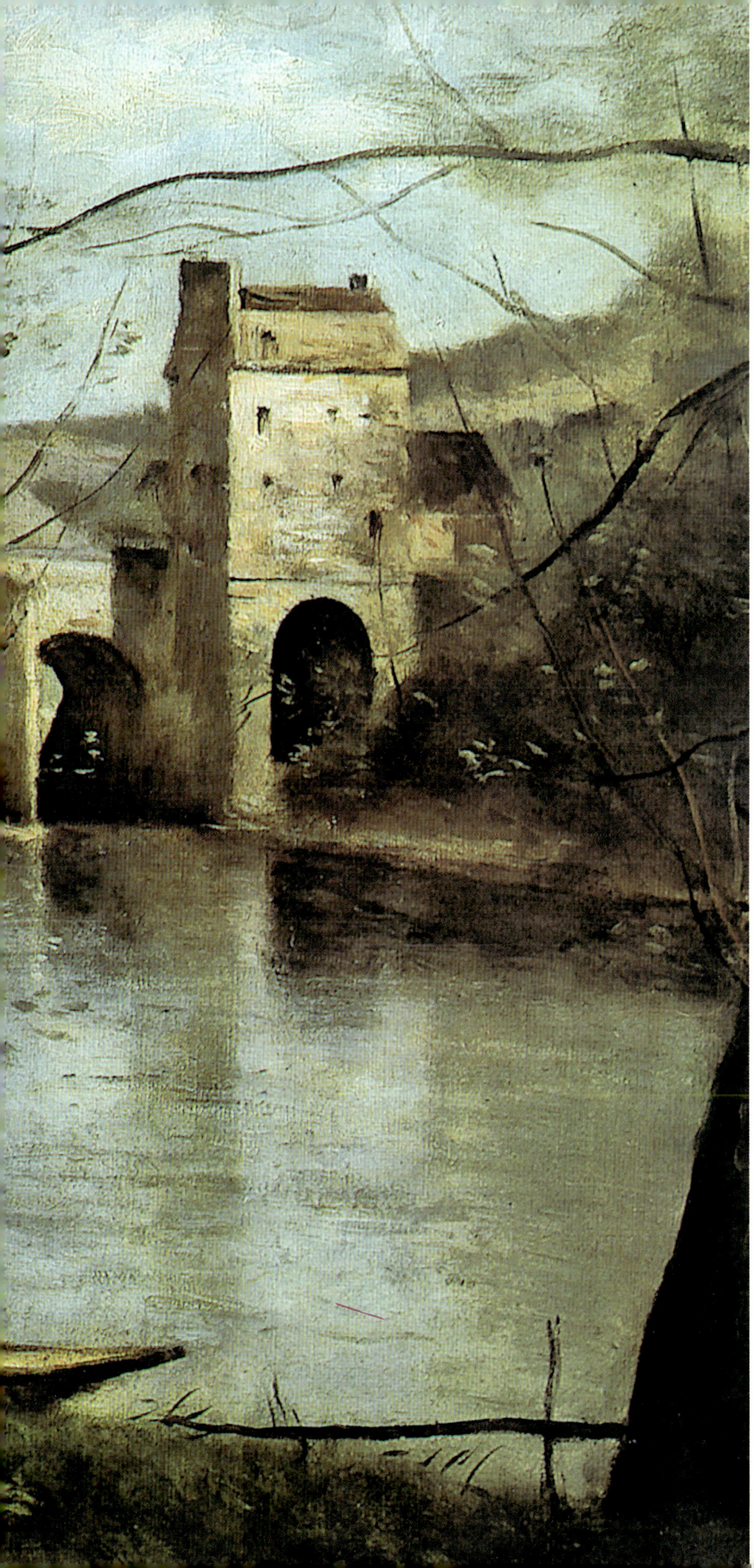

CAPITOLO

GLI INIZI

PRIMO

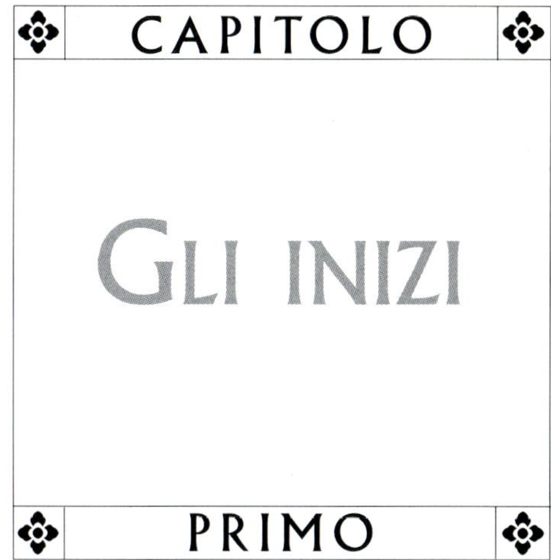

Pur costituendo nella storia della pittura un movimento rivoluzionario che segnò una cesura fra il passato e l'età moderna, l'impressionismo non nacque senza antecedenti: le radici del movimento sono ancorate all'opera dei pittori romantici, come Delacroix, al realismo di Courbet, alle sperimentazioni "en plein air" dei paesaggisti della scuola di Barbizon. Altro elemento di congiuntura per l'evolversi del movimento fu la pittura antiaccademica di Manet, il quale, pur non essendo un impressionista "tout court", può a buon diritto essere considerato come un "apripista".

In apertura, alle due pagine precedenti: Jean-Baptiste-Camille Corot, Il ponte di Nantes, *1868-1870, Parigi, Louvre*

1. Gustave Courbet, Il ruscello nascosto, *1865, Parigi, Musée d'Orsay*

2. Gustave Courbet, Marina, *1865-1866, Pasadena, Norton Simon Art Foundation*

1

2

Attorno al 1870 prese forma in Francia un movimento artistico che, pur non facendo capo a un programma teorico ben definito, né a una specifica dottrina – a parte un generico interesse per la tecnica e i soggetti realistici – era tuttavia deciso a opporsi all'istituzione accademica. Come ogni nuovo evento, per repentino che appaia, affonda le radici nel passato, così anche la nascita dell'impressionismo – questo il nome con cui fu noto il movimento a partire dalla prima mostra che i suoi esponenti organizzarono a Parigi nel 1874 – fu preparata dagli avvenimenti precedenti, nonostante il carattere di "scandalosa" novità che la nuova corrente rivestì agli occhi dei contemporanei.

Una tappa decisiva nel processo storico-artistico che rese possibile l'avvento di un linguaggio tanto rivoluzionario fu l'affermarsi, nella seconda metà del secolo precedente, di un altro movimento deciso a rompere con gli schemi imposti dalla tradizione: il romanticismo. Infatti, alcune delle idee portanti del movimento romantico influenzarono decisamente le scelte degli impressionisti: la negazione del valore intrinseco di un soggetto, che toglieva alla pittura storica o a quella religiosa il primato su quella di genere o su quella profana; l'importanza della pittura di paesaggio il cui diretto referente, la natura, occupava un posto centrale nel pensiero romantico; il favore, se non il mito, che si venne a creare attorno alla figura dell'artista ribelle alle convenzioni sociali; l'interesse per il colore più che per il disegno (testimoniato dai quadri di Delacroix) che si rivelerà decisivo per lo sviluppo della pittura moderna in generale; la scoperta della soggettività, vero gioiello, accanto agli altri preziosi lasciti dell'eredità romantica.

L'educazione degli impressionisti si svolse in quello stesso ambito di pensiero: il paesaggio ebbe per loro un ruolo fondamentale, con l'unica eccezione di Degas; il colore fu la loro costante preoccupazione; il principio della soggettività fu sviluppato fino alle estreme conseguenze, fino ad affermare il primato dell'occhio, l'importanza della visione individuale: gli impressionisti vollero dipingere ciò che vedeva-

3

3. *Théodore Rousseau,*
Un albero nella foresta
di Fontainebleau,
1840,
Londra,
Victoria and Albert
Museum

1. Edouard Manet,
Le Déjeuner sur l'herbe,
1863,
Parigi,
Musée d'Orsay

2. Gustave Courbet,
Gli spaccapietre,
1849,
dipinto andato distrutto durante la Seconda guerra mondiale

1

2

no, non ciò che conoscevano, sostituendo un'arte di percezione a un'arte di concetto, e rivendicando così all'opera il diritto a essere giudicata per se stessa e non per la sua corrispondenza a principi a essa estranei.

Se l'influenza sotterranea della cultura romantica continuò dunque ad agire nella pittura impressionista, i presupposti immediati del nuovo linguaggio vanno però ricercati nelle tendenze sviluppatesi nei decenni che precedettero la nascita del movimento.

Tra il 1830 e il 1860 si affermò in Francia il positivismo, che investì i vari campi del sapere e dell'espressione artistica, introducendo in letteratura e nelle arti figurative la nuova estetica del realismo: l'arte si volse al dato reale, al fenomeno osservabile, privilegiando l'ambiente contemporaneo e sfondi familiari. In questo ambito di pensiero operò, a partire dagli anni Trenta, la scuola di Barbizon o della foresta di Fontainebleau. Attorno al suo animatore, Théodore Rousseau (1812-1867), si raccolsero numerosi artisti tra cui Jules Dupré (1811-1889), Narcisse Diaz de la Peña (1808-1876), Charles François Daubigny (1817-1878), Jean François Millet (1814-1875). Scelto il villaggio di Barbizon quale sede del gruppo (per alcuni stabile, per altri temporanea), la vicina foresta di Fontainebleau divenne il soggetto preferito di questi artisti, pittori essenzialmente di paesaggio, incuranti del vecchio ordinamento gerarchico dei generi che faceva preferire, in pittura, i contenuti storici e filosofici.

Nonostante l'atteggiamento nei confronti della natura, che può ancora apparire un retaggio romantico, dalle opere del gruppo di Barbizon è però assente il gusto del pittoresco e dell'aneddoto, tipico della pittura romantica: i paesaggi della scuola della foresta di Fontainebleau appartengono alla nuova estetica realista, fondata sull'osservazione diretta (ma l'esecuzione avveniva in studio, anche se Daubigny, che amava lavorare all'aperto, può essere considerato il precursore della pittura "en plein air") e sulla rappresentazione fedele dell'oggetto. Da ciò la particolare cura posta nella resa degli alberi, analizzati nella loro struttura, come anche dell'aria, dello spazio e della luce su cui non

3

3. Camille Pissarro,
La Varenne-Saint-Hilaire,
1863,
Budapest,
Szépmüvészeti
Müzeum

1

2

3

1. *Gustave Courbet,*
L'onda,
1869,
Berlino,
Nationalgalerie

3. *Jean-Baptiste-Camille Corot,*
Mornex, Alta Savoia, effetto-mattino,
1840-1850

2. *John Constable,*
La baia di Weyemouth,
1816,
Londra,
National Gallery

manca di agire l'esempio dell'arte inglese del primo Ottocento, soprattutto di John Constable e Richard P. Bonington, e dell'arte olandese e fiamminga del XVII secolo (Rembrandt, Jacob van Ruysdael, van Goyen, Albert Cuyp), così sensibile alla luce, al paesaggio, all'atmosfera.

I giovani pittori che aderirono all'impressionismo erano per la maggior parte appartenenti alla buona borghesia. Nati fra il 1830 e il 1841 nella capitale, o qui trasferitisi in giovane età, si incontrarono frequentando la "libera" Académie Suisse di Charles Jacque, exmodello dell'Ecole des Beaux-Arts; oppure studiando presso l'atelier di Charles Gabriel Gleyre, un pittore svizzero che insegnava alla stessa Ecole; o infine copiando i capolavori al Louvre. Monet frequentò entrambe le scuole, nella prima a fianco di Pissarro, Guillaumin e Cézanne, e nella seconda con Renoir, Bazille e Sisley, mentre erano di casa al Louvre Manet, Degas e la Morisot.

Ma per tutti, i veri maestri furono altri. Punti di riferimento prediletti erano i pittori di Barbizon, in particolare Millet, Diaz de la Peña e Daubigny (che prima ancora di Monet aveva adottato per dipingere un "atelier-bateau"): sul loro esempio gli allievi di Gleyre prediligevano la pittura di paesaggio, si esercitarono a dipingere nella foresta di Fontainebleau, "en plein air" come già aveva fatto Daubigny, trovando alloggio in locande come quella di Mère Anthony a Marlotte, immortalata da Renoir in un dipinto del 1866 (v. pag. 121). Inoltre studiarono i grandi paesaggisti inglesi (Constable, Turner) e olandesi. Del resto, il primato fino ad allora indiscusso della pittura di soggetto storico o mitologico sancito dall'arte ufficiale delle accademie era stato attaccato e messo definitivamente in crisi da Gustave Courbet ("éleve de la nature", come amava definirsi), con la sua fede nel realismo e la sua vocazione ideologica, di concerto con letterati quali Baudelaire, Champfleury e Proudhon. Era ancora fresco il ricordo del Pavillon du Realism allestito dall'artista all'esterno dell'Esposizione universale, in aperta polemica con opere quali *L'atelier del pittore* e *Funerale a Ornans* (v. pag. 61). Nello

4

4. Camille Pissarro,
La cava, Pontoise,
1875

1. *Camille Pissarro,* Canapaie lungo la Marna, *1864-1865, Edimburgo, National Gallery*

2. *Gustave Courbet,* La valle di Ornans, *1858, Saint Louis, Art Museum*

1

2

3. *Charles-Francois Daubigny,* Villaggio presso Bonnières, *1861*

4. *Camille Pissarro,* Ragazza con bastoncino (Contadina seduta), *1881, Parigi, Musée d'Orsay*

3

stesso anno, Corot – altro grande maestro per i futuri impressionisti, tanto da spingere Pissarro a firmarsi anche «allievo di Corot» – scriveva nel suo carnet: «Il bello dell'arte è la verità bagnata nell'impressione che abbiamo ricevuto di fronte alla natura».

Fu naturale per i giovani artisti, in vario modo insoddisfatti dell'educazione artistica ricevuta e ribelli alla tirannia dell'arte ufficiale, sentirsi attratti da personalità e contrade così stimolanti. In un celebre quadro che Manet dipinse nel 1863, *Le Déjeuner sur l'herbe*, la cura riservata agli alberi, sulla sinistra del dipinto, rievoca i quadri della scuola di Barbizon. Monet, Renoir, Sisley e Bazille conobbero Diaz de la Peña e Millet, e soggiornarono a più riprese (tra il 1864 e il 1866) a Chailly, altra località nei pressi di Fontainebleau. Monet, che già in quegli anni si era imposto la regola di dipingere "en plein air", probabilmente influenzato da Daubigny, era un chiaro ammiratore di Millet, mentre Renoir avrebbe affermato in seguito che l'esempio di Diaz de la Peña, di cui anche altri impressionisti emulavano la pennellata brillante e leggera, lo aveva indotto a schiarire la sua tavolozza.

Millet, con Honoré Daumier (1808-1879) e soprattutto Gustave Courbet (1819-1877), sarà anche tra gli esponenti di spicco del realismo cosiddetto "del Quarantotto", che continuò il realismo della scuola di Barbizon nel segno di una sempre maggiore obiettività diretta a debellare gli ultimi residui di romanticismo, e ad allargare il campo dei possibili soggetti fino a comprendere ogni realtà, anche quella più umile (la prefazione di Courbet a una mostra di sue opere allestita nel 1855, in polemica con l'Esposizione universale, può essere considerata il manifesto del realismo). Per l'attenzione rivolta alle classi popolari, l'arte realista di quel periodo si caratterizzò spesso come arte sociale, in tempi di nascente industrializzazione e di lotte proletarie (proprio il Quarantotto fu un anno cruciale in questo senso). L'influenza di Courbet sugli impressionisti fu determinante. La sua lezione fu assimilata soprattutto da Pissarro, come testimoniano i quadri di Pontoise, ma la sua tecnica, estremamente libera e caratterizzata dall'uso della spatola,

1

2

1. *Eugène Boudin,*
La spiaggia di Trouville,
1863,
Le Havre,
Musée des Beaux-Arts

2. *Johann Barthold*
Jongkind,
La Senna
a Notre-Dame,
1864,
Parigi,
Musée d'Orsay

3. *Edouard Manet,*
Ritratto di Zola,
1868,
Parigi,
Musée d'Orsay

influenzò profondamente anche Bazille, Guillaumin, Monet, Cézanne e Renoir, le cui opere, nei tardi anni Sessanta, mostravano la stessa densità di colore, la stessa resa dell'erba e delle foglie mediante decise pennellate e colpi di spatola, e la medesima alternanza di tocchi regolari e discontinui. Anche Degas, seppure con minore evidenza, ne subì decisamente l'influenza.

Gli impressionisti furono inoltre influenzati da artisti come Eugène Boudin (1824-1898) o il pittore di origine olandese Johann Barthold Jongkind (1819-1891), che possono essere considerati tra i precursori della nuova arte: le loro luminose marine anticiparono la maniera impressionista, influenzando in particolare Monet, che negli anni Sessanta dipinse spesso a Honfleur, una località sulla costa della Normandia frequentata in quello stesso periodo da Courbet, Whistler, Bazille, Sisley, Renoir, Boudin (che vi era nato) e da Jongkind (che vi risiedeva). Qui Boudin e Jongkind dipingevano "en plen air" e "sur le motif", cioè partendo da uno spunto naturalistico rappresentato a più riprese, cogliendo con una tavolozza chiara il variare della luce e del tempo, e impostando la composizione "alla prima" senza bozzetto.

Tra l'altro, Boudin, affascinato dai paesaggi olandesi, e Jongkind, in cui era vivo il ricordo della terra d'origine, contribuirono a rafforzare l'interesse degli impressionisti per la pittura olandese (Monet si recherà a più riprese in Olanda, una prima volta nel 1871 e successivamente negli anni Ottanta); interesse mutuato dalla scuola di Barbizon, alla quale il gruppo impressionista doveva anche in certa misura la passione per la pittura inglese del primo Ottocento, soprattutto di Constable e Turner.

Altro punto di riferimento della nuova corrente fu l'opera di Camille Corot (1796-1875), un pittore difficilmente inquadrabile in una precisa scuola. Contemporaneo di Courbet e Millet, Corot interpretò il dettato realista in modo estremamente personale, dipingendo paesaggi di una semplicità anticonvenzionale che per la luce e il vibrare dell'atmosfera appaiono decisamente preimpressionisti. Nei primi anni Sessanta, la sua influenza su Monet e Pissarro ap-

3

1

2

1. *Andō Hiroshige,* Scena notturna a Saruwaka-cho, *1857, dall'album* Le cento vedute di Edo

2. *Keisai Eisen,* Cortigiana, *stampa giapponese, 1830 circa*

3. *Charles-François Daubigny,* Tramonto sulla Oise, *1865, Parigi, Louvre*

3

pare evidente, e anche Renoir ne risentirà a lungo, come dimostrano in particolare le vedute di Parigi dipinte verso la fine di quello stesso decennio.

Sugli impressionisti agirono anche suggestioni esotiche. Il primo grande incontro dei francesi con la cultura orientale avvenne all'Esposizione universale di Parigi del 1867, che accolse opere grafiche di artisti giapponesi tra cui Kuniteru, Hiroshige III (1843-1894) e Sadahide, eredi di una grande tradizione. Ma l'interesse nei confronti dell'arte giapponese datava già da alcuni anni.

Nel dicembre del 1861, Baudelaire si riferiva a un gruppo di stampe giapponesi che stava distribuendo agli amici chiamandole "stampe di Epinal orientali", espressione che ne sottolineava adeguatamente la caratteristica di stampe popolari largamente diffuse, al pari delle popolarissime e diffusissime "stampe di Epinal" propriamente dette (dal nome del principale centro di produzione, Epinal, nei pressi di Nancy). In effetti, le stampe della cosiddetta scuola Ukiyo-e, o "del mondo che passa", nata all'inizio del XVII secolo, erano molto popolari nella Francia di quel periodo: tali immagini, proponendo scene di vita quotidiana del Giappone contemporaneo, apparivano realiste proprio nel senso che il termine cominciava ad avere negli atelier parigini.

Anche reperire oggetti d'arte e di artigianato giapponese era già relativamente facile nella Parigi degli anni Sessanta. Nel 1862 i coniugi Desoye, dei francesi che avevano vissuto per un certo periodo in Estremo Oriente, aprirono in rue de Rivoli La Porte Chinoise, un negozio di articoli orientali che fu molto frequentato da Degas, Whistler, Fantin-Latour, Baudelaire e altre illustri personalità. L'arte giapponese era poi ampiamente pubblicizzata da romanzi come *Manette Salomon* (1867) dei fratelli Goncourt, nel quale un intero capitolo descriveva la profonda impressione che quell'arte aveva suscitato nel protagonista (Jules e Edmond Goncourt, tra l'altro, possedevano una collezione di oggetti giapponesi che nel 1897, quando fu venduta, comprendeva 1500 pezzi, di cui 372 fra stampe e libri illustrati).

Monet sosteneva di aver comprato le

4

4. *Camille Pissarro,*
Primavera
a Louveciennes,
1869-1870,
Londra,
National Gallery

1

2

1. *Utagawa Kuniyoshi,* Gatti, *1850, Springfield, Museum of Fine Arts*

2. *Poster per il volume* Les chats *di Champfleury, con un'illustrazione di Edouard Manet,* Incontro di gatti, *1869, Londra, British Museum*

3. *Edouard Manet,* Lola di Valenza, *1862, Parigi, Musée d'Orsay*

sue prime stampe giapponesi già nel 1856, «in un negozio di Le Havre dove vendevano oggetti rari arrivati con le navi di linea oceaniche». Anche Félix Bracquemond (1833-1914), acquafortista e incisore che avrebbe partecipato alle mostre del gruppo impressionista negli anni 1874, 1879 e 1880, diceva di aver scoperto per caso, in quello stesso 1856, un album di disegni di Katsushika Hokusai (1760-1849) nel negozio del suo stampatore Delatre, e di aver acquistato l'anno successivo, dallo stampatore Eugène Lavielle, un album simile di cui aveva diviso i disegni con i suoi amici Philippe Burty e Zacharie Astruc, uno dei primi critici a capire l'importanza dell'impressionismo.

Manet, che a quel tempo stava imparando le tecniche della grafica proprio da Bracquemond e che perciò vide quei disegni, appare chiaramente influenzato dall'arte giapponese. In un articolo apparso sull'"Artiste" nel 1867, Zola, amico di Manet (che eseguì un famoso ritratto dello scrittore) e a lungo strenuo difensore e promotore dell'arte impressionista, nonché fine estimatore dell'arte giapponese, fece notare la relazione fra alcune delle opere di Manet (per esempio, *Il pifferaio*, del 1866) e le stampe giapponesi, «che sono simili nella loro strana eleganza e nelle splendide zone di colore». Nella sua attività di illustratore, Manet mostrò di subire l'influenza dell'arte giapponese in maniera anche più evidente. Molte delle stampe con cui l'artista illustrò nel 1869 il libro sui gatti di Champfleury, per esempio, sono citazioni quasi letterali di stampe di Utagawa Kuniyoshi (1798-1861) e di Hokusai, mentre le illustrazioni per il libro di Charles Cros, *Le Fleuve*, pubblicato nel 1874, sono molto vicine, nella loro immediata e vivace spontaneità, ad alcuni dei disegni dell'album di Hokusai appartenuto a Bracquemond, e del quale forse anche Manet possedeva una copia. Non diversamente, quando nel 1875 l'artista accettò di illustrare la traduzione francese del *Corvo* (v. pag. 138) di Edgar Allan Poe, fece ricorso alle xilografie del contemporaneo Kawanabe Kyosai (1831-1889).

Su Degas e Pissarro l'influsso giapponese si fece sentire solo alla fine degli anni Settanta. Degas era particolarmen-

3

1

1. Edouard Manet,
Cristo morto
con angeli,
1864,
New York,
Metropolitan
Museum of Art

2. Claude Monet,
Strada nella foresta
di Fontainebleau,
1864

3. Andō Hiroshige,
Acquazzone
improvviso
su O-hashi,
1857,
dall'album
Le cento vedute di Edo

2

te attratto dalle immagini di cortigiane, attori e danzatori raffigurati dai maestri della ricordata Ukiyo-e, specializzata come si è visto nel rappresentare scene di vita quotidiana. Alla sua morte, si seppe che l'artista possedeva quindici disegni di Andō Hiroshige (1797-1858), due trittici di Utamaro (1753-1806), sedici album di stampe e singole opere di Hokusai, di Shunsho (1726-1792) e di altri artisti giapponesi.

Quanto a Monet, è noto come amasse circondarsi di oggetti e stampe orientali: alle pareti della casa di Argenteuil, dove visse negli anni Settanta, erano appesi dei ventagli giapponesi e la sua ultima abitazione, a Giverny, conserva ancora la vasta collezione di stampe giapponesi accumulata nel corso della sua lunga vita. Tuttavia, in una sola occasione Monet dipinse un vero quadro giapponese nel senso in cui lo intendevano Whistler e Fantin-Latour, cioè un dipinto con oggetti giapponesi. Si tratta di *Ragazza giapponese* (v. pag. 37), esposto al Salon del 1876, che in seguito l'artista ripudiò come "robaccia". Ben prima di questo dipinto, comunque, Monet aveva già scoperto ciò che veramente lo interessava nelle stampe giapponesi e che intendeva sviluppare nella sua opera, ovvero gli effetti compositivi che quelle stampe ottenevano usando punti di osservazione rialzati e scorci drammatici. Nel 1867 Monet dipinse *Terrazza sul mare a Sainte-Adresse* (v. pag. 59), della quale parlerà come del suo «quadro cinese con bandiere». Si tratta di una composizione veramente straordinaria per l'epoca, con la veduta dall'alto, priva di un unico punto di fuga. L'ampia superficie del mare è punteggiata da almeno trenta barche di diversa grandezza, e la striscia di cielo è in parte serena e in parte nuvolosa; mare e cielo, insieme, spartiscono la composizione con la terrazza, rallegrata dai colori dei gladioli e dei nasturzi, a cui si aggiungono quelli delle bandiere che sventolano, leggermente asimmetriche alle due estremità del parapetto. La composizione presenta evidenti somiglianze con *Il Saizado del tempio di Gohyaku-rakanji*, una stampa di Hokusai (di cui Monet possedeva una copia) che ritrae un gruppo di donne nell'atto di guardare in lontananza da una terrazza (v. pag. 58). L'uso

3

1. *Claude Monet,*
Passeggiata sulla scogliera a Pourville,
1882,
Chicago,
The Art Institute of Chicago

2. *Rembrandt,*
Paesaggio con ponti in muratura,
1630 circa,
Amsterdam,
Rijksmuseum

1

2

dello scorcio (forse dovuto anche all'influenza della fotografia, tecnica nascente cui gli impressionisti non rimasero indifferenti, si ritrova accentuato in molti altri dipinti (in particolare in *Quai du Louvre*, sempre del 1867, v. pag. 31). Spesso i drammatici effetti compositivi che facevano parte del repertorio tecnico dei giapponesi sono usati da Monet per esprimere l'aspetto sensazionale della natura (così in molti quadri raffiguranti le scogliere della Normandia, tra cui *Passeggiata sulla scogliera a Pourville*, del 1882).

Un altro aspetto dell'arte giapponese che influenzò decisamente Monet e gli altri impressionisti fu l'uso che i giapponesi facevano del colore, lezione che Monet mostra di avere assimilato, per esempio, in opere come *La Grenouillère* (1869), con le sue chiare zone di colore pieno. Gli impressionisti colsero nelle stampe giapponesi alcuni suggerimenti per risolvere i problemi che avevano già cominciato ad affrontare, e vi trovarono la conferma di interessi – per esempio nei confronti del realismo – che stavano già sviluppando.

Tra i molti influssi che agirono sulla pittura impressionista, non può, inoltre, essere dimenticato quello dei grandi maestri universalmente riconosciuti. Tappa obbligata dell'educazione di un pittore, nella Francia dell'epoca, era lo studio e la copia delle opere dei maestri "consacrati", regola alla quale neppure gli impressionisti si sottrassero. Luogo deputato a questo esercizio era il Louvre, aperto al pubblico fin dai tempi di Napoleone I e arricchitosi sotto Luigi Filippo e Napoleone III di nuove e importanti opere d'arte.

Al Louvre Renoir era soprattutto attratto dai maestri francesi del Settecento (e in effetti artisti come Watteau e Boucher ebbero un influsso decisivo sulla sua pittura). Manet preferiva copiare Tiziano, Rembrandt e Tintoretto, e nutriva una particolare predilezione per Velázquez e l'arte spagnola che al Louvre poteva conoscere e apprezzare attraverso i grandi maestri (oltre a Velázquez, Murillo, Zurbarán, Ribera). Degas eseguiva copie di Holbein, Delacroix, Poussin e di alcuni italiani tra cui Mantegna (tra le cose del suo studio, messe all'asta nel 1918, è sopravvissuta una copia della

3

3. *Claude Monet,*
La Grenouillère,
1869,
Londra,
National Gallery

1

2

1. *Incisione da Winslow Homer,* Studenti d'arte e copisti al Louvre, *"Harper's Weekly" dell'11 gennaio 1868*

2. *Edgar Degas,* Disegni a matita dalle incisioni di Marcantonio Raimondi, dal *Giudizio di Paride* di Raffaello, *Cambridge, Fogg Art Museum, Harvard University*

Crocifissione del Mantegna, copia poi donata nel 1934 al Musée des Beaux-Arts di Tours). La sua opera, anche se non fu mai accademica, risentì profondamente della dedizione ai maestri dell'arte italiana e francese, e molta della sua prima produzione, fino agli anni Sessanta, presenta dei soggetti che sarebbero piaciuti alla maggior parte degli accademici "reazionari". Tra i modelli di Degas c'era anche Ingres, verso il quale invece Monet, che si recò sempre al Louvre controvoglia, nutriva una profonda avversione.

Un discorso a parte merita infine l'influenza esercitata sulla pittura impressionista dalle nuove acquisizioni della scienza e della tecnica ottocentesche.

L'osservazione, l'analisi e la classificazione dei fenomeni naturali raggiunsero una nuova intensità nel XIX secolo. Nel 1839 Eugène Chevreul (1786-1889) pubblicò *De la loi du contraste simultané des couleurs et de l'assortiment des objets colorés* ("La legge del contrasto simultaneo dei colori e dell'accostamento di oggetti colorati"), dando successivamente alle stampe, nel 1864, *Des couleurs et de leur application aux arts industriels à l'aide des cercles chromatiques* ("Sui colori e sulla loro applicazione alle arti industriali con l'aiuto dei cerchi cromatici"), un trattato che, come il primo, non si limitò a rivestire un interesse puramente scientifico, ma si rivelò uno dei testi chiave in campo artistico.

I principi esposti da Chevreul furono infatti alla base della teoria impressionista del colore, che prevedeva l'uso di tutti i colori senza mescolarli; la distinzione fra colore localizzato e colore della luce; e l'accostamento di piccole pennellate di colori diversi allo stato puro, che si mescolano unicamente nell'occhio di chi osserva alla debita distanza (principi poi applicati rigorosamente da Seurat e da quanti, dopo di lui, furono designati col nome di neoimpressionisti, o esponenti dell'"impressionismo scientifico").

L'avvento della fotografia, nella prima metà del secolo, contribuì a formare una nuova consapevolezza visiva e un certo scetticismo nei confronti delle immagini idealizzate dell'arte accademica. Nel 1849, a dieci anni dalla presentazione ufficiale dell'invenzione di Da-

3

3. Edgar Degas,
copia
dalla Crocifissione
di Mantegna,
1861,
Tours,
Musée des Beaux-Arts

1

1. Claude Monet,
Il portale e la torre Saint-Romain. Armonia bianca, effetto mattino,
1894,
Parigi,
Musée d'Orsay

2. Claude Monet,
Il portale. Armonia grigia,
1894,
Parigi,
Musée d'Orsay

guerre, nella sola Parigi erano state vendute centomila stampe fotografiche. Gli impressionisti si mostrarono prontamente interessati alla fotografia, in molti casi cimentandosi con l'arte dello scatto anche in prima persona. Monet, per esempio, fotografò a più riprese la cattedrale di Rouen, soggetto di una serie di dipinti tra i più celebrati dell'impressionismo, e nel 1890 volle perfino costruire una camera oscura nella sua casa di Giverny. Degas, che tra gli impressionisti fu forse quello che più degli altri si servì della nuova tecnica come strumento e punto di partenza per la composizione pittorica, conservava nel suo studio un gran numero di fotografie, che molto spesso aveva scattato lui stesso: foto di lavandaie e stiratrici, per esempio, forse utilizzate dall'artista tra il 1876 e il 1885 per la serie di quadri e pastelli che affrontano tale soggetto.

Anche il sentimento del tempo, entità misurabile e quantificabile con sempre maggior precisione, era mutato nel corso del XIX secolo. La scansione del flusso temporale era divenuta di capitale importanza nella nascente civiltà industriale, i cui ritmi erano scanditi da un numero crescente di orologi sia personali che pubblici (quest'ultimi già molto comuni all'inizio dell'Ottocento nelle città di una certa importanza). La nuova nozione del tempo indusse scienziati e artisti a tentare di registrarne il corso e di bloccare ciò che era transitorio in immagini statiche e comprensibili. Fotografia e cinematografo (i primi brevi film di Louis Lumière sono del 1895) si imposero come il mezzo privilegiato per fermare lo scorrere del tempo e conservare il passato.

Nel mondo dell'arte, all'inizio del secolo sia Constable che Turner avevano già affrontato in alcune opere il problema del passaggio del tempo: il primo registrando movimenti e cambiamenti di configurazioni delle nuvole in bozzetti molto precisi, il secondo, per esempio, in due vedute della Tabley House vista in differenti ore del giorno.

Rousseau, il leader della scuola di Barbizon, dipinse numerose e identiche vedute della foresta di Fontainebleau, riprese in ore diverse. Nel 1867 Courbet aveva esposto, a una sua personale, tre-

1

1. *Gustave Courbet,* Dintorni di Ornans, al mattino, *1848 circa, Chicago, The Art Institute of Chicago*

2

2. *Nadar,* Ritratto fotografico di Courbet, *1861, Parigi, Bibliothèque Nationale*

dici quadri più o meno dello stesso tratto di costa della Normandia. Jongkind dipingeva spesso versioni dello stesso soggetto visto con luce diversa: per esempio Notre-Dame, scelta che richiama subito alla mente le cinquanta versioni della cattedrale di Rouen dipinte da Monet, momento tra i più alti della pittura impressionista e ciclo esemplare della fase in cui l'artista sembrò prediligere la pittura "in serie", attraverso la quale registrare i cambiamenti di uno stesso soggetto al variare delle condizioni di luce nelle diverse ore del giorno. Un simile procedimento, da sempre latente nell'opera dell'artista, fu applicato in modo consapevole e rigoroso da Monet soprattutto a partire dal 1890, anno dell'acquisto della proprietà di Giverny, sorta di osservatorio stabile e continua fonte di soggetti (altre celebri serie sono quelle dedicate ai campi di papaveri, ai covoni e alle ninfee).

Un notevole contributo all'affermarsi della nuova arte fu dato, infine, da tutta una serie di progressi strettamente limitati al campo dei "ferri del mestiere". Verso la metà del secolo, per esempio, avevano fatto la loro comparsa pigmenti inorganici derivati da processi industriali, fra cui quel blu cobalto chiaro così amato da Renoir, l'azzurro ceruleo, il giallo e l'arancio cadmio, il cremisi alizarina e infine il verde veronese, che dava un effetto di brillante trasparenza mai raggiunto prima. Colori vecchi e nuovi erano divenuti disponibili in confezioni più pratiche: i tubetti di stagno pieghevoli per i colori a olio erano già diffusi quando gli impressionisti iniziarono a dipingere, cosa che favorì la pittura "en plein air". Nel 1884 la società inglese Reeves cominciò a produrre colori ad acquerello usando cera vergine invece di gomma, e commercializzandoli in vaschette di guttaperca sistemate in contenitori facilmente trasportabili o usabili all'esterno. Sempre verso la metà del secolo, infine, si diffuse l'uso di boccole metalliche facilmente modellabili con le sole pinze per saldare le setole ai pennelli. Ciò rese i pennelli più robusti di quelli semplicemente legati con lo spago, e permise agli impressionisti di applicare i colori con maggior vigore.

LA PARIGI DEL BARONE HAUSSMANN

Qual era la Parigi dove si incontrarono Monet, Degas, Pissarro e gli altri negli anni Sessanta? Era la Parigi di Napoleone III, nipote del Bonaparte, eletto prima presidente della seconda Repubblica (1848-1852) e poi, con il colpo di stato del 2 dicembre 1852, proclamato imperatore. L'anno seguente, Napoleone III chiamò alla prefettura della Senna il barone Georges-Eugène Haussmann, e lo incaricò di trasformare in moderna metropoli la capitale che ancora molto aveva del volto medievale, in più afflitta da lacerazioni sociali, focolai di ribellioni e di epidemie (i moti degli anni Trenta, il colera del 1832). Così, dal 1853 al 1870, Haussmann ebbe mano libera per reinventare – con l'aiuto di ingegneri, preferiti agli architetti – lo scacchiere urbanistico, attraverso la spettacolare rete dei "boulevards": ampi viali sistemati secondo arditi giochi prospettici, spesso congiungentisi a "V", accompagnati dal verde degli alberi, su cui si affacciano caffè, ristoranti, negozi, eleganti appartamenti signorili (le "maison rapport", le case a più piani). L'Opéra, progettata dall'ingegnere Garnier, venne concepita come parte integrante di tale complesso; perno di tutto il sistema fu l'Ile de la Cité, completamente trasformata. I "grand travaux" comprendevano anche l'immensa ricostruzione della rete fognaria. I boulevard, che mettevano in comunicazione diretta il centro e la periferia, facilitarono inoltre i movimenti di materiali e manodopera necessari alla nuova rete ferroviaria, già in costruzione dal 1840.

La guerra franco-prussiana (1870); l'assedio di Parigi e i tumulti che portarono alla parentesi socialista della Comune, poi repressa nel sangue nel maggio del 1871; la caduta del secondo Impero, e la terza Repubblica, non avrebbero fermato la trasformazione di Parigi in "Ville Lumière". Tale si presentò all'Esposizione Universale del 1889 (con la prima illuminazione pubblica a gas esistente), in occasione della quale fu eretta la Tour Eiffel. Intanto dal 1876 si stava costruendo la chiesa del Sacré-Coeur, edificio emblematico di tutto un quartiere spesso frequentato dagli impressionisti, Montmartre.

1

1. *Camille Pissarro,*
Avenue de l'Opéra (part.),
1898, Reims,
Musée St. Denis

2. *Edouard Manet,*
La barricata,
1871, Boston,
Museum of Fine Arts

3. *Claude Monet,*
Il Quai du Louvre (part.),
1867, L'Aja,
Gemeentemuseum

2

3

CAPITOLO
LE MOSTRE
SECONDO

Le otto esposizioni impressioniste furono eventi di fondamentale importanza per l'esistenza del movimento, dal momento che praticamente ne costituiscono l'ossatura portante. Al di là delle mostre, l'impressionismo non ha infatti manifesti teorici o programmi definiti, ma trova la propria definizione negli incontri fra artisti e intellettuali negli atelier, nei caffè, nella campagna francese. Dalla prima mostra del 1874 all'ultima del 1886, il movimento trova coerenza nella comune ricerca dei pittori, interessati a sperimentare nuove suggestioni basate sugli effetti ottici.

1

2

In apertura, alle due pagine precedenti: Edgar Degas, L'ufficio dei Musson, *1873, Pau, Musée des Beaux-Arts*

1. Claude Monet, Impression, soleil levant, *1872, Parigi, Musée Marmottan*

3

4

Il 15 aprile 1874 lo studio del fotografo Nadar a Parigi, al 35 di boulevard des Capucines, aprì le porte a una mostra di centosessantatre opere – dipinti, disegni, acquerelli, pastelli – eseguite da artisti appartenenti alla Société anonyme des artistes peintres, sculpteurs, graveurs, fondata l'anno precedente. Fra gli espositori c'erano Astruc, Bracquemond, Boudin, Cézanne, Degas, Guillaumin, Monet, Morisot, De Nittis, Pissarro, Renoir, Sisley. Mancava Manet, che mai avrebbe esposto alle mostre del gruppo, convinto che il rinnovamento dell'arte si dovesse raggiungere all'interno delle istituzioni ufficiali. Mancava anche Bazille, che pure alcuni anni prima aveva lanciato l'idea di una mostra indipendente: l'artista era morto nel 1870 sul campo di battaglia. Degas era quello con più quadri, undici; Monet ne aveva cinque, tra cui una veduta del Boulevard des Capucines dipinta l'anno precedente dal balcone della sede stessa della mostra, e che raffigurava una qualche festa popolare; naturalmente Monet esponeva anche *Impression, soleil levant*. Renoir aveva in mostra otto dipinti, tra cui *Il palco* (v. pag. 88), prima versione di un tema sul quale sarebbe tornato spesso nella sua carriera. Fu praticamente l'unico quadro di tutta la mostra che non ebbe alcuna critica negativa. Berthe Morisot presentò nove opere, tra cui la deliziosa *Culla* (v. pag. 45). Tra i quadri di Cézanne c'erano *Una moderna Olympia,* che venne impietosamente derisa (v. pag. 128), e due paesaggi, uno dei quali era *La casa dell'impiccato*. Pissarro partecipò con quattro quadri. Sisley infine con cinque paesaggi.

La prima mostra degli impressionisti fu un vero insuccesso, stroncata dalla critica e dal pubblico. La rivista satirica "Le Charivari" pubblicò un articolo di Louis Leroy col preciso intento di mettere alla berlina quel nuovo, sconvolgente linguaggio pittorico; prendendo lo spunto polemico dal dipinto di Monet *Impression, soleil levant,* Leroy battezzò quegli "scandalosi" artisti esordienti "impressionisti".

Nei cataloghi delle successive sette mostre allestite dal gruppo di boulevard des Capucines si legge soltanto: «Mostra di pitture di [...]», e di seguito i nomi dei partecipanti. I diretti interessati infatti ri-

5

2. *William Turner,*
Tramonto a Tours,
1841,
Londra,
Tate Gallery

3. *Studio di Nadar in boulevard des Capucines*

4. *Pierre-Auguste Renoir,*
Nudo al sole,
1875-1876,
Parigi,
Musée d'Orsay

5. *Paul Cézanne,*
La casa dell'impiccato a Auvers,
1873 circa,
Parigi,
Musée d'Orsay

1

2

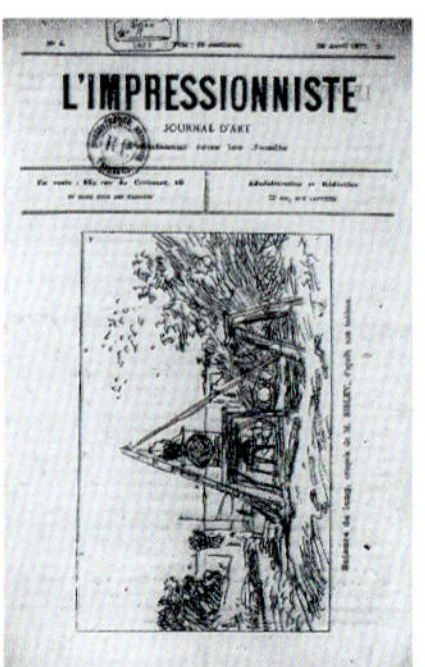

L'IMPRESSIONNISTE

JOURNAL D'ART

3

1. *Gustave Caillebotte,* I piallatori di parquet, *1875, Parigi, Musée d'Orsay*

2. *Alfred Sisley,* Inondazione a Port-Marly, *1876, Parigi, Musée d'Orsay*

3. *Copertina del IV numero di* L'Impressionniste, *1877*

4. *Claude Monet,* La giapponese, *1876, Boston, Museum of Fine Arts*

fiutano il riduttivo nome di impressionisti, che designa quanto di evanescente, incompiuto, privo di dettagli e legato a un primo approccio istintivo sembra caratterizzare agli occhi dei detrattori la nuova tecnica di quegli "scandalosi" autori. Essi affermano di voler comunicare ben più che l'impressione di qualcosa, precisando che il titolo del contestato quadro di Monet, *Impression, soleil levant,* è dovuto solo a fattori contingenti, e non vuole alludere all'ideale programmatico della nuova pittura. Ma quel nome pare scritto nel destino. Anche i protagonisti ormai cedono di fronte al favore incontrato da un nome con cui diventeranno, in breve tempo, universalmente noti e apprezzati.

Al totale insuccesso dell'esposizione non poté ovviare nemmeno il mercante amico Durand-Ruel, anche lui in difficoltà finanziarie e in procinto di chiudere la galleria londinese. L'anno seguente Berthe Morisot, Sisley, Renoir e Monet organizzarono un'asta all'Hôtel Drouot che fu un'ulteriore delusione, visti i prezzi bassissimi (una media di 144 franchi) a cui furono vendute le opere. Intanto vari collezionisti si interessavano alle opere del gruppo: fra questi, il banchiere Hoschedé; il conte Armando Doria che proprio nel 1874 comprò la *Casa dell'impiccato* di Cézanne; il baritono Jean-Baptiste Faure, consigliato da Durand-Ruel; il dottor Paul Gachet dal 1872.

Nel 1876, presso la galleria parigina di Durand-Ruel al 12 di rue Le Peletier, si tenne la seconda mostra del gruppo, intitolata semplicemente Exposition de peinture. Vi parteciparono diciannove artisti, fra cui Degas con ventiquattro quadri, Monet con diciotto, Berthe Morisot, Pissarro con dodici quadri, Renoir con quindici, Sisley con otto. Fra le nuove presenze c'era Caillebotte, già sostenitore finanziario del gruppo (in particolare di Monet) e collezionista: espose *I piallatori di parquet,* che suscitò forte scalpore per la sua impronta quasi fotografica. Alcune opere, precisamente sei quadri di Renoir, paesaggi di Pissarro e Monet, furono prestate da Victor Chocquet, uno dei collezionisti che sostenevano il gruppo.

Negli Stati Uniti, Henry James fece una recensione negativa alla mostra del gruppo, che ormai veniva denominato

Claude Monet 1876

1. *Edgar Degas,*
L'assenzio,
1876,
Parigi,
Musée d'Orsay

2. *Edgar Degas,*
Miss La-La
al circo Fernando,
1879,
Londra,
National Gallery

3. *Mary Cassatt,*
Donna in nero
all'Opéra,
1880,
Boston,
Museum of Fine Arts

4. *Paul Gauguin,*
Suzanne che cuce,
1880,
Copenaghen,
Ny Carlsberg Glyptotek

con l'appellativo di "impressionista", introdotto da Leroy. Giudizi favorevoli vennero invece da Philippe Burty, Jules Castagnary, Georges Rivière e soprattutto da quello che fu poi il paladino del gruppo, Edmond Duranty, con il saggio *La nouvelle peinture* pubblicato nello stesso anno, che si ispirava alle teorie di Degas sulla "nuova pittura". Anche Strindberg, in visita quell'anno a Parigi, si interessa al loro lavoro.

Ormai accettato a malincuore l'appellativo lanciato da Leroy, Renoir convinse Rivière a pubblicare una rivista settimanale dal titolo appunto "L'Impressionniste: Journal d'Art", di cui uscirono però solo quattro numeri, tra il 6 e il 28 aprile, in occasione della terza mostra svoltasi nel 1877 ancora in rue Le Peletier. Nonostante il parere contrario di Degas, l'iniziativa venne intitolata Exposition des Impressionnistes. Promossa soprattutto da Renoir e Caillebotte, segnò un momento di particolare coesione, qualità e maturità espressiva degli artisti. Vi era anche un regolare comitato di allestimento composto da Renoir, Monet, Pissarro e Caillebotte. In totale vi erano esposte oltre centotrenta opere, e la lista dei partecipanti comprendeva nomi consueti e nomi nuovi. Fra gli altri Caillebotte, Guillaumin, Cézanne con sedici quadri, Degas con ventisette, Monet con trenta quadri, Morisot con diciannove, Pissarro con ventidue paesaggi. Inoltre Renoir con ventidue quadri, fra i quali il *Moulin de la Galette*, acquistato da Caillebotte; Sisley con diciassette quadri, fra cui *Inondazione a Port-Marly.* Fra le opere di Degas vi era *L'assenzio,* ambientato nella "terrace" del Café La Nouvelle Athènes, il nuovo ritrovo degli impressionisti. Manet, come sempre assente e presente invece al Salon, lasciava intanto incompiuto il ritratto di un acerrimo nemico degli impressionisti, Albert Wolff, critico di "Le Figaro".

La riuscita dell'esposizione del 1877 sfociò, l'anno seguente, nel libro di Théodore Duret *Les Impressionnistes.* Si fecero da allora sempre più acute all'interno del gruppo – che non aveva mai teorizzato un programma sistematico comune – le differenze di sensibilità e di intenti. Cézanne, che voleva solidifi-

5

5. *Pierre-Auguste Renoir,*
Moulin de la Galette,
1876,
Parigi,
Musée d'Orsay

1. Jean François Raffaelli,
L'attesa degli invitati al matrimonio,
1881,
Parigi,
Musée d'Orsay

2. Pierre-Auguste Renoir,
Ritratto di Madame Charpentier,
1878,
New York,
Metropolitan Museum of Art

1

2

care l'impressionismo per soddisfare la sua esigenza costruttiva, non partecipò a nessun'altra mostra. Continuò a farlo invece Degas, spesso come organizzatore, benché irritato da quell'appellativo "impressionista" a cui certo avrebbe preferito quello di naturalista o realista.

La quarta mostra si tenne tra il 10 aprile e l'11 maggio del 1879, al 28 di avenue de l'Opéra, e fu di nuovo denominata "Des Indépendants". Vi parteciparono in quindici, fra cui Caillebotte, Pissarro con ben trentotto quadri, Monet con ventinove, Degas con dodici. Grazie all'invito di Degas era presente anche l'americana Mary Cassatt, con *Donna in nero all'Opéra*. Assenti la Morisot, quell'anno incinta, Sisley e Cézanne, che provarono invano a entrare nel Salon, dove ebbe invece successo Renoir (anch'egli assente dalla mostra) con il suo *Madame Charpentier con i figli*, l'elegante signora che aveva fatto del suo salotto un prestigioso luogo di incontro fra i maggiori esponenti della cultura e dell'arte parigina. Il marito Georges nello stesso anno fondò la rivista "La Vie Moderne", e aprì nella stessa sede una galleria d'arte, dove gli impressionisti avrebbero fatto varie personali, a cominciare da Renoir.

La quinta mostra si svolse nell'aprile del 1880, al 10 di rue des Pyramides, con diciotto partecipanti fra cui Degas (che presentò un ritratto di Duranty, morto lo stesso anno), Pissarro con undici quadri, e la Morisot con quindici quadri e alcuni acquerelli. Partecipava anche Jean-François Raffaelli, letteralmente imposto al gruppo da Degas. Invitato da Pissarro compariva per la prima volta anche Gauguin, che avrebbe esposto poi anche alle mostre successive. Grande assente era Monet, critico nei confronti degli organizzatori per «aver aperto le porte agli imbrattatele». Quest'ultimo venne accettato al Salon – ammissione in realtà molto agognata dagli impressionisti – insieme a Renoir e Manet, che tuttavia rimasero scontenti per lo scarso risalto attribuito ai loro quadri.

Il 2 aprile del 1881 (anno in cui a Manet venne conferita la Legion d'Onore) si inaugurò la sesta mostra, in un normale appartamento al 35 di boulevard

3

3. Edgar Degas,
Giovani spartani che
si allenano alla lotta,
1860-1864 circa,
Londra,
National Gallery

1

1. Edgar Degas, Piccola danzatrice, *1880-1881, Parigi, Musée d'Orsay*

2. Camille Pissarro, Giovane contadina che beve il caffè, *1881, Chicago, The Art Institute*

3. Edgar Degas, Donna su un divano che si fa pettinare, *1885, New York, Metropolitan Museum of Art*

2

3

des Capucines, con tredici artisti presenti. Tra questi Pissarro, Degas (che espose alcuni pastelli e cere con ballerine in tutù di tulle) e Morisot con sette quadri. Gauguin espose otto tele e due sculture che, come la maggior parte delle opere esposte, non riscossero grande successo. Oltre naturalmente a Cézanne, disertarono la mostra Renoir e Monet: l'uno partecipò al Salon, l'altro invece vi rinunciò per sempre. Sisley fece una personale nella sede di "La Vie Moderne", organizzata da Edmond Renoir che l'anno precedente aveva presentato nella stessa sede Monet. La fortuna sembrò volgere a favore degli impressionisti, soprattutto da quando Durand-Ruel si risollevò dalle sue difficoltà finanziarie e Antonin Proust, amico e compagno di studi di Manet, venne eletto ministro delle Belle Arti.

A ospitare la settima mostra degli impressionisti nel 1882 fu proprio Durand-Ruel, nella sua galleria parigina al 251 di rue Saint-Honoré. Solo otto i partecipanti, tra cui l'immancabile Pissarro, con ben trentasei dipinti, insieme a Monet con trentacinque, Sisley con ventisette paesaggi, e Morisot con nove quadri e alcuni pastelli (mentre Renoir, spesso in viaggio, era rappresentato con venticinque quadri di proprietà di Durand-Ruel). Aderì per l'ultima volta alle iniziative del gruppo Caillebotte, preso dai continui dissapori con Degas che in questa occasione non espose.

Quello stesso anno Durand-Ruel ebbe un nuovo dissesto finanziario, a causa della bancarotta dell'Union Internationale, l'istituto che lo sosteneva. Tuttavia un altro facoltoso commerciante d'arte si stava facendo strada e vivacizzava il mercato intorno agli impressionisti: Georges Petit, che dette vita a una serie di Expositions Internationales de Peinture, aprendo i battenti a Monet, Renoir e altri. Cézanne, assente come nelle precedenti esposizioni, riuscì finalmente a essere ammesso al Salon, dove però venne classificato «allievo di Guillemet». Nel saggio di Edmond Duranty, *La nouvelle peinture*, l'artista veniva tratteggiato come un personaggio ridicolo.

Nel 1883, anno in cui morì Manet, gli impressionisti parteciparono a varie

4

4. *Pierre-Auguste Renoir,*
La colazione
dei canottieri,
1880-1881,
Washington,
The Phillips Collection

1. *Pierre-Auguste Renoir,* Festa araba, *1881, Parigi, Musée d'Orsay*

2. *Camille Pissarro,* Primavera a Eragny, *1886, Memphis, Brook Museum of Art*

3. *Georges Seurat,* La Grande-Jatte, *1884-1886, Chicago, The Art Institute*

personali, organizzate da Durand-Ruel presso la sua nuova galleria al 9 di boulevard de la Madeleine (dove esposero Renoir, Pissarro, Sisley) e all'estero, a Londra, Berlino, Rotterdam, Boston e New York.

Intanto Berthe Morisot e il marito Eugène Manet organizzavano un'importante retrospettiva in onore del grande artista appena defunto. Questa aprì i battenti l'anno seguente all'Ecole des Beaux-Arts, mentre le opere (dipinti, pastelli, disegni, acquerelli) dello studio Manet vennero messe all'asta all'Hôtel Drouot. Monet, finalmente uscito dalla miseria, propose a Renoir e agli altri di fare una cena al mese per ritrovarsi. Questi incontri si tenevano al Café Riche, alternandosi con quelli nel salotto di Berthe Morisot, frequentato fra gli altri da Mallarmé. Intanto Renoir, in forte dissenso con l'evolversi dell'impressionismo, pensò di istituire la Société des irregularistes, mentre Pissarro conobbe nel 1885 Seurat e Signac, e rimase molto influenzato dalla tecnica del "pointillisme".

L'ottava e ultima mostra si svolse nel 1886 alla Maison Dorée, al n. 1 di rue Laffitte, grazie soprattutto alla volontà di Pissarro, l'unico che aveva partecipato a tutte quelle precedenti e che esponeva venti opere. Degas (sia pure riluttante e con soli cinque quadri), Guillaumin, Cassatt e Morisot furono fra i pochi della "vecchia guardia" a partecipare.

Accanto a loro vi erano artisti che già proponevano valide alternative all'impressionismo: Seurat e Signac (sostenuti dallo stesso Pissarro e la cui presenza provocò l'indignazione di Monet), Redon e Gauguin. Fulcro di interesse della mostra fu la *Grande Jatte* di Seurat che, relegata in una stanza appartata con altre opere dell'artista, destò particolare interesse nel critico Felix Fénéon, autore del saggio *Les impressionnistes en 1886.*

Degas, Pissarro, Monet, Cézanne, Renoir, Sisley e Morisot esposero inoltre con successo più di trecento tele nella mostra organizzata da Durand-Ruel a New York nel 1886. Risale allo stesso anno il romanzo *L'Oeuvre* di Zola, che segnò la rottura del rapporto di amicizia con gli impressionisti, in particolare con Cézanne e Monet.

La critica del tempo

Molte recensioni negative, apparse sui principali giornali del tempo, testimoniano la totale incomprensione delle opere impressioniste. Al Salon des Refusés del 1863 (Manet partecipa con *Le Déjeuner sur l'herbe*): «In generale la qualità dei quadri [...] è cattiva, più che cattiva: è deplorevole, impossibile, folle e ridicola.[...] vendica la giuria, e fa ridere il pubblico a crepapelle» (Louis Esnault, "Revue Française").

Ancora il pubblico di fronte al *Déjeuner sur l'herbe* di Manet esposto al Salon des Refusés nel 1863: «Doveva essersi diffusa rapidamente la voce che c'era da vedere un quadro buffo, perché la gente correva disordinatamente per tutte le sale e gruppi di turisti, temendo di perdersi qualcosa d'importante, spingevano e gridavano – "Cosa?", "Di là!", "È incredibile!" –. Le battute di spirito si sprecavano ed erano tutte riferite al soggetto del quadro. Nessuno lo capiva; tutti lo consideravano pazzesco, incredibilmente comico» (Emile Zola, *L'Oeuvre*, 1886).

Nelle sale stracolme del Salon, come riferisce Paul de Saint-Victor, «la folla è stipata come all'obitorio, davanti alla corrotta Olympia!». Tutti si chiedono, insieme a Jules Clarétie: «cos'è quest'odalisca dal ventre giallo, ignobile modella pescata chissà dove e che rappresenta Olympia». L'emozione raggiunge l'apice: l'*Olympia* è il "caso" dell'anno 1865. Non c'è nulla in questo quadro che non vada contro le idee e l'etica dell'epoca. Insomma, come scrive Judith Walter, la figlia di Théophile Gautier, «l'Esposizione ha il suo buffone [...] Tra tutti gli artisti, è lui l'uomo che si mette a far capriole e a mostrare la lingua [...] Manet potrebbe veramente far scuola». La polemica è innescata.

2

3

1. Anonimo, vignetta satirica dell'Olympia, "Le Journal Amusant" del 27 maggio 1865

2. Champ, caricatura dell'Olympia, "Le Charivari" del maggio 1865

3. Honoré Daumier, Il pubblico davanti al *Déjeuner sur l'herbe*, incisione

4. Berthe Morisot, La culla, 1872, Parigi, Musée d'Orsay

Ancora le reazioni del pubblico alla prima mostra degli impressionisti: «Il riso che si udiva non era più quello soffocato dai fazzoletti delle signore e la pancia degli uomini si dilatava [...] Era il riso contagioso di una folla venuta per divertirsi, che progressivamente si andava eccitando» (Emile Zola, *L'Oeuvre*, 1886).

La culla di Berthe Morisot è esposta alla prima mostra degli impressionisti (15 aprile - 5 maggio 1874): «Eccoci adesso a Mademoiselle Morisot! A quella giovane signora non interessano i dettagli insignificanti. Se deve dipingere una mano, dà esattamente tante pennellate in lunghezza quante sono le dita, e il problema è risolto» (Louis Leroy, "Le Charivari").

1

4

CAPITOLO

I LUOGHI

TERZO

Sebbene l'impressionismo non sia nato in un luogo preciso, la sua esistenza è impensabile senza il contesto della cultura e dell'atmosfera parigine. Nella capitale, ormai divenuta metropoli, confluirono anche quegli artisti che venivano da altre città, e soprattutto dalla provincia. Lo sviluppo urbano e architettonico di Parigi fece da sfondo agli incontri degli artisti e a numerosi dipinti. Dato il suo carattere di pittura "en plein air", oltre che allo scenario urbano l'impressionismo è profondamente legato anche ai soggiorni "agresti" degli artisti.

In apertura, alle due pagine precedenti: Edouard Manet, Monet con la moglie nel suo studio galleggiante, *1874, Monaco, Neue Pinakothek*

1. *Una fotografia d'epoca di Parigi con lo scenario di Rue des Sept Arts nella Rive Gauche*

I periodo compreso fra il 1875 e il 1914, lo stesso che vide l'affermarsi dell'impressionismo, meritò poi il titolo, assegnatogli con una certa confessata nostalgia, di Belle époque. Fu questo un periodo di rapida urbanizzazione: mai prima d'allora tanta gente aveva vissuto nelle grandi e nelle piccole città. Fu indubbiamente questa gente a fornire agli impressionisti l'ispirazione per le loro opere, e non il mondo aristocratico rappresentato nell'arte del XVIII secolo, come neppure i contadini preferiti da Millet. Protagonisti divennero le sarte, le lavandaie, le prostitute, i "dandies", i professionisti e la gente comune che passeggiava per le strade.

PARIGI

Parigi era sempre stata l'unica grande città della Francia. Fin dai tempi di Luigi XIV, che per motivi politici aveva voluto ridurre il potere della nobiltà di provincia, i governi si erano sforzati di attribuirle un'importanza nella vita della nazione che nessun'altra capitale europea possedeva, a eccezione forse di Vienna. Ma la Parigi degli impressionisti sarebbe stata irriconoscibile per i contemporanei di Delacroix e Ingres. Fra il 1840 e il 1900 la popolazione triplicò, a seguito dell'immigrazione dalla campagna e dalla provincia. Gli stessi impressionisti provenivano quasi tutti da fuori; Degas e Sisley, sebbene fossero nati a Parigi, avevano genitori italiani il primo, e inglesi il secondo. Il solo Manet era di autentiche origini parigine.

Fra il 1850 e il 1870 l'aspetto della città venne trasformato, in gran parte da Napoleone III e dal suo fantasioso prefetto, il barone Haussmann. Cinquanta chilometri di grandi boulevard a tre corsie furono ritagliati nell'intricato ammasso di stradine, ciascuno con la sua splendida prospettiva e l'ampia pavimentazione: ciò favorì il moltiplicarsi di quelle "terrasses" fuori dai café e ristoranti nei quali si svolgerà gran parte della vita sociale e culturale della città.

Furono creati parchi all'inglese non solo in Parigi, ma anche a Vincennes, Boulogne e Buttes-Chaumont. Enormi e scenografici palazzi conferirono alla capitale un senso di "grandeur": l'Opéra di Charles Garnier, il ricostruito Hôtel de Ville e ancora edifici come il Palais de

2. *Parigi, con i suoi caffè, la Senna, i boulevard, è la culla e lo scenario prediletto dell'impressionismo*

3

3. *Camille Pissarro,*
Boulevard
Montmartre: notte,
1897,
Londra,
National Gallery

1

1. *Claude Monet,*
Il giardino di Giverny,
1900,
Parigi,
Musée d'Orsay

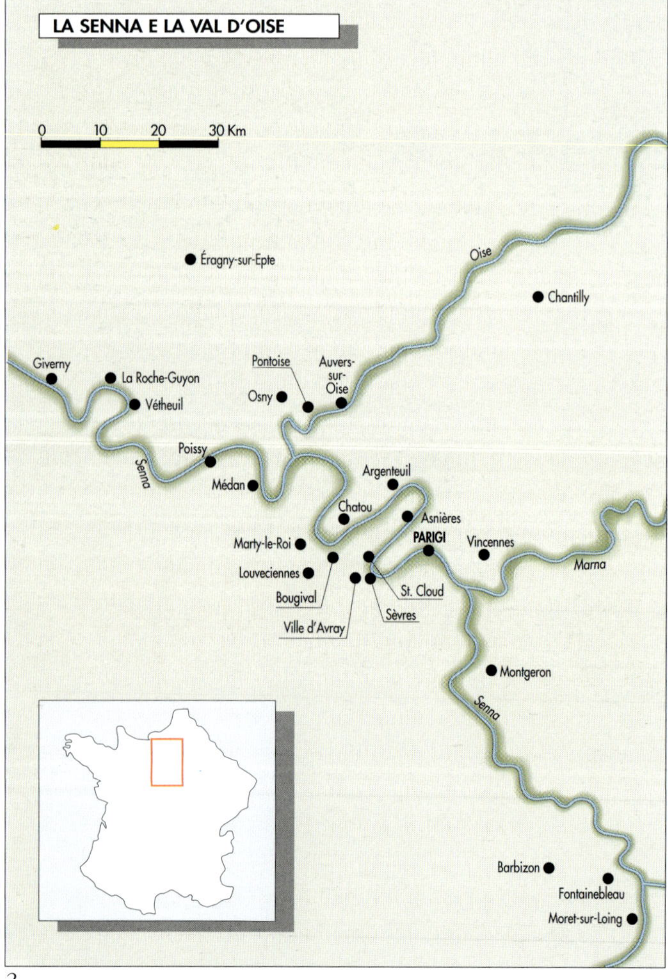

2

2. *Senna e Oise, con le loro rive ricche di vegetazione, costituirono ambienti ideali per la pittura "en plein air"*

l'Industrie, costruito per accogliere le esposizioni internazionali che si tennero a Parigi dalla fine degli anni Cinquanta. Poi le stazioni ferroviarie, simili a grandi cattedrali, i mercati generali a Les Halles, i grandi magazzini e molti e imponenti palazzi privati.

Nonostante la dura prova del 1870, Parigi era divenuta di fatto la capitale d'Europa, e attirava un costante flusso di visitatori da tutto il mondo. Ma non tutti i visitatori erano turisti: dopo il 1850 un'infinità di americani studiarono arte a Parigi, e fra questi i più famosi furono Whistler e Mary Cassatt, poi divenuta una fra le più importanti figure dell'impressionismo. La Parigi della seconda metà dell'Ottocento era fatta su misura per gli impressionisti che, a loro volta, ne colsero perfettamente lo spirito. Nessun altro gruppo di pittori ha mai registrato così bene il "genius loci" di una città moderna, qualità uniche che davano alla loro pittura un carattere non raggiungibile altrove.

Parigi era fatta per il piacere degli occhi e dei sensi, e nei quadri degli impressionisti ritroviamo tutti i suoi luoghi di divertimento: le Folies-Bergère, i corridoi e la scena dell'Opéra, le sale da ballo di Montmartre, i bordelli della Porte Saint-Denis, le luci sfolgoranti del circo Fernando, le poderose silhouette delle stazioni ferroviarie, gli stessi boulevard. L'impressionismo non sarebbe esistito senza tutto ciò. E le sedi delle mostre impressioniste? Erano situate tutte nella zona dell'Opéra. La sede della prima mostra del 1874 (e poi della sesta del 1881) è la più famosa: lo studio del fotografo Nadar, al 35 di boulevard des Capucines. Non lontano, in direzione di Montmartre, si trovava la galleria di Durand-Ruel, che ospitò la seconda e la terza mostra, al 6 e 11 di rue Le Peletier, presso boulevard Haussmann. La quarta mostra (1879) si tenne al 28 dell'avenue de l'Opéra; la quinta (1880) in una traversa della precedente, al 10 di rue des Pyramides; la settima (1882) al 251 di rue Saint-Honoré. L'ultima esposizione del 1886 ebbe infine luogo in un palazzo fra rue Laffitte e boulevard des Italiens. Nel quartiere di Batignolles avevano lo studio Manet (ritratto da Fantin-Latour mentre riceve amici e colleghi fra cui Renoir, Bazille e Zola), e Bazille, in rue de la

3

3. *Claude Monet,*
Ninfee,
1908,
Vernon,
Musée Municipal

1

1. *Monet,*
Vétheuil in estate,
1879,
Toronto,
Art Gallery of Ontario

2

2. *Monet nel giardino di Giverny, 1926*

3

3. *Claude Monet,*
Il battello-studio ad Argenteuil,
1873,
Chicago,
The Art Institute

4. *Edouard Manet,*
Argenteuil,
1874,
Tournai,
Musée des Beaux-Arts

Condamine, dove l'artista ospitò Renoir dal 1° gennaio 1868 al 15 maggio 1870. Degas stette per oltre vent'anni in rue Victor-Massé.

Renoir, dopo l'insuccesso dell'asta del 1875 presso l'Hôtel Drouot, si stabilì in una casa con giardino a Montmartre, in rue Cortot (strada in cui abitarono fra gli altri anche Emile Bernard, la Valadon, Utrillo e Dufy). A Montmartre andava Cézanne nelle sue trasferte parigine, trovando talvolta rifugio presso "père Tanguy", a cui regalava quadri in cambio di tele e colori. Presso Tanguy Pissarro affittò una sala per far vedere ai collezionisti le sue opere.

La Butte Montmartre era un'altura da cui si godeva un bel panorama della città, come un piccolo paese caratterizzato da vari mulini a vento. Sin dagli inizi dell'Ottocento era stata meta di scampagnate e ritrovi scanzonati, per poi divenire un sobborgo con locali, osterie e sale da ballo che offrivano a basso costo divertimenti alla piccola borghesia e a bohémiens. Fu così ben presto animato da artisti, musicisti e letterati. Uno di questi locali era il caffè all'aperto presso il Moulin de la Galette, un vecchio mulino del XVII secolo ormai in disuso (tuttora esistente quale insegna di una famosa sala da ballo), celebrato nel 1876 da Renoir in uno dei suoi dipinti più famosi, e poi ancora ritratto da van Gogh, Toulouse-Lautrec e Utrillo.

La Senna e la Val-d'Oise

Poco fuori da Parigi, nella valle superiore della Senna e nella vicina Val-d'Oise, località come Bougival, Chatou, Asnières, Argenteuil e Pontoise furono la culla della pittura impressionista "en plein air". Nel 1869 Monet trova una piccola casa nella frazione di Saint-Michel, nei pressi di Parigi, vicino a Bougival; Auguste Renoir gli fa spesso visita. Renoir e Monet decidono di lavorare sugli stessi soggetti. Non è un semplice gioco o una specie di sfida, ma piuttosto un procedimento sperimentale che studiano e utilizzano per parecchi anni di seguito. È da questa particolarissima procedura, e da questo lavoro fianco a fianco, che nascono le due versioni di *La Grenouillère* (v. pagg. 25, 56, 98), un piccolo ristorante affiancato da uno stabi-

1

1. *Claude Monet,*
La chiesa di Vétheuil,
1878,
Edimburgo,
National Gallery
of Scotland

2

2. *Claude Monet,*
Nebbia a Vétheuil,
1879,
Parigi,
Musée Marmottan

3. *Claude Monet,*
Vétheuil in inverno,
1879,
New York,
Frick Collection

4. *Claude Monet,*
Il giardino e la casa a Vétheuil,
1880,
Washington,
National Gallery
of Art

3

limento di bagni, sulla riva di un braccio minore della Senna, tra Chatou e Bougival. Per Monet, così come per l'inseparabile amico, questi studi costituiscono un'occasione unica per lavorare sulle variazioni e gli effetti della luce, e in modo più specifico sul riverbero e i riflessi nell'acqua. Tratti rapidi, tocchi puntiformi e virgole di colore catturano lo scintillio dell'atmosfera, il movimento dell'acqua, i gesti dei bagnanti: mondo vario di sensazioni pulsanti, pur fondato su ciò che l'occhio effettivamente coglie nel processo percettivo. Entrambi gli artisti restituiscono lo spettacolo della luce, del colore, del movimento come indicazione vitale, al di là di ogni ordinato svolgimento mentale: poetica dell'attimo dove gli occhi non sono che lo strumento dei vari momenti della percezione.

Una tecnica volutamente rapida consente a Renoir di catturare gli effetti fugaci, e rendere sinteticamente i caratteri delle diverse forme: larghi colpi di pennello le modellano con la loro direzione e le differenziano con le loro sfumature, mentre la varietà della stesura cancella l'illusione di superficie levigata tipica delle opere dipinte in modo tradizionale. Riconosciuto il colore locale come convenzione, ogni elemento si presenta all'occhio con un impianto cromatico che deriva dal suo colore particolare, dall'ambiente circostante, dalle condizioni atmosferiche. L'intera tela senza una linea definita, i contorni ottenuti tramite la pennellata, la stesura di vaste superfici di colore attraverso particelle di pigmento in sfumature diverse, tutto ciò sancisce un procedimento consapevolmente adottato per fissare la sensazione, diviene metodo per cogliere l'impressione e non per definire un semplice abbozzo. Il rapporto diretto con la natura è ritenuto definitivo: «Tutto ciò che si dipinge sul motivo ha sempre una forza che non si ritroverà più in atelier», sostiene Monet che guida Renoir alla conquista di una nuova visione della realtà.

Renoir era solito frequentare anche le piccole osterie all'aperto a Chatou, delle quali ritrasse la folla viva e pittoresca, come nella *Colazione dei ca-*

Claude Monet

1. *Claude Monet,*
Regate ad Argenteuil,
1872,
Parigi,
Musée d'Orsay

1

2. *Camille Pissarro,*
L'eremo di Pontoise,
1867,
New York,
Guggenheim Museum

2

3. *Pierre-Auguste Renoir,*
La Grenouillère,
1869,
Stoccolma,
Nationalmuseum

3

nottieri del 1880 (v. pag. 43), ambientata nella terrazza del ristorante di Alphonse Fournaise, il locale descritto con il nome di ristorante Grillon insieme alla vicina Grenouillère da Guy de Maupassant in *L'amica di Paul.*

Nel 1869, lasciata la località di Pontoise, Pissarro si trasferiva a Louveciennes, piccolo centro a pochi chilometri da Parigi: la casa andò saccheggiata durante la guerra franco-prussiana del 1870. Nello spazio di un anno i formati delle tele divengono più piccoli, i colori più vari, l'esecuzione più libera. I dipinti di questo periodo non sono sempre facilmente individuabili, ma si può supporre che molte delle tele rimaste e dedicate a Louveciennes siano databili al 1869. Louveciennes è situata nelle vicinanze del parco di Marly-le-Roy, luoghi ricchi di testimonianze, già frequentati da sovrani. Ma a Pissarro non interessa il fasto del passato: i temi da lui prediletti sono i sentieri, i pendii, gli alberi, le siepi. Dal 1871 anche Sisley risiede e dipinge fra Louveciennes, Marly-le-Roy e Bougival. Fra il 1881 e il 1884 Eugène Manet e Berthe Morisot affittano una casa con giardino a Bougival.

Monet e Renoir lavorarono ancora insieme ad Argenteuil (sempre nei pressi della Senna), dove proprio Monet aveva affittato una casa nel 1872: lo studio dell'artista era un piccolo battello, che divenne un importante luogo di incontro dei futuri impressionisti. Nel 1878 Monet lascia Argenteuil, per trasferirsi prima a Parigi e poi a Vétheuil («un luogo delizioso», come scrisse l'artista all'amico Murer). Fra il 1881 e il 1883 risiedette anche a Poissy, a pochi chilometri da Médan, dove abitava Zola.

Infine, nel 1883, si trasferì a Giverny, dove nel 1890 comprò una casa (oggi monumento nazionale), e allestì il suo amato giardino su un affluente del fiume Epte, fonte di ispirazione nel periodo più maturo dell'artista per la serie delle *Ninfee*. Le *Ninfee* saranno oggetto di due esposizioni presso Durand-Ruel, una nel 1900 e l'altra nel 1909. Nel 1891 dipinge ispirandosi al tema dei ghiacci sulla Senna; quello stesso anno a Giverny fu sepolto il mercante Ernest Hoschedé, so-

4

4. *Camille Pissarro,*
Fienagione a Eragny,
1901,
Ottawa,
National Gallery
of Canada

1. *Katsushika Hokusai,*
Il Saizado del tempio di Gohyaku-rakanji,
1830 circa, Londra, British Museum

1

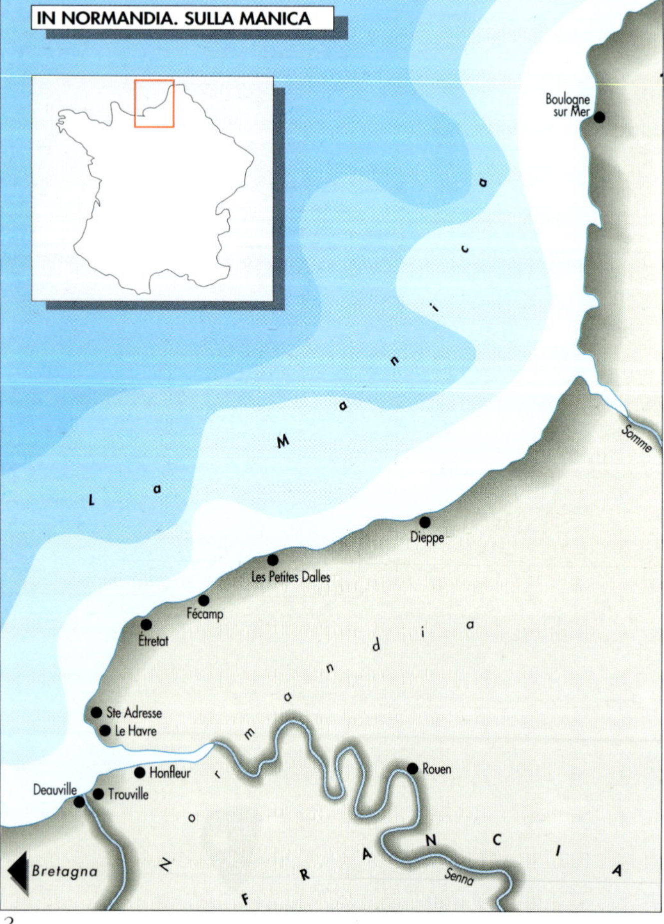

2

2. *Le coste e le cittadine della Normandia, con i loro stabilimenti balneari, attrassero un folto gruppo di impressionisti*

stenitore degli impressionisti, lasciando libera la moglie Alice di sposare Monet, vedovo a sua volta.

Negli stessi anni in cui Monet richiamava Renoir, Manet, Caillebotte presso il suo "botin" ad Argenteuil, Pissarro si stabilì a Ermitage, una frazione di Pontoise nella Val-d'Oise. Dopo la guerra del 1870 lavorò e visse fra Pontoise, Auvers, Montfoucault e Osny, nella stessa val d'Oise, dove spesso lavorarono al suo fianco alcuni amici, tutti più giovani di lui (fra cui Cézanne, Guillaumin e Gauguin). In particolare, a partire dagli anni Settanta, la vita di Pissarro fu dominata da Pontoise. Era questo un villaggio abitato prevalentemente da piccoli proprietari: la zona infatti era collinare, inadatta alle estese coltivazioni che favorivano il formarsi di grandi possedimenti di terreno. Nel 1884 anche Pissarro si trasferì sul fiume Epte, lasciando Osny e stabilendosi a Eragny, in una casa acquistata grazie a un prestito di Monet.

In Normandia. Sulla Manica

Étretat, Le Havre, Honfleur, Trouville e Sainte-Adresse, furono mete di grande attrazione per i pittori del Café Guerbois, il cosiddetto gruppo di Batignolles. Eugène Boudin, che insieme all'olandese Jongkind introdusse i futuri impressionisti alla pittura di paesaggio "en plein air", era originario di Honfleur, una località che negli anni Sessanta divenne un importante luogo di ritrovo per i parigini, sull'onda dello sviluppo vertiginoso dei mezzi di comunicazione e della conseguente crescita del turismo. Raggiunsero Boudin e Jongkind a Honfleur – dove risiedevano – Courbet, Whistler, Bazille, Sisley, Renoir. Monet, che con la famiglia si era trasferito da Parigi a Le Havre, divenne allievo di Boudin. La bianca spiaggia fra Le Havre e Sainte-Adresse fu percorsa in lungo e in largo da Monet fin dalla giovinezza, e fu da lui ritratta fin dagli anni Sessanta. Nel giugno 1870 viene celebrato il matrimonio tra Monet e Camille Doncieux; gli sposi si trasferiscono a Trouville, dove sono sorpresi dallo scoppio della guerra franco-prussiana. Nel porto di Le Havre nacque nel 1872 il di-

3

3. Claude Monet,
Terrazza sul mare
a Sainte-Adresse,
1867,
New York,
Metropolitan
Museum of Art

1

2

1. *Claude Monet,*
L'Hôtel des Roches noires a Trouville,
1870,
Parigi,
Musée d'Orsay

2. *Claude Monet,*
Donne sulla spiaggia a Trouville,
1870,
Parigi,
Musée Marmottan

3

4

3. *Camille Pissarro,*
Pomeriggio di sole, rue de l'Epicerie, Rouen,
1898,
New York,
Metropolitan Museum

4. *Camille Pissarro,*
Saint-Sever, porto di Rouen,
1896,
Parigi,
Musée d'Orsay

5. *Edouard Manet,*
Spiaggia a Boulogne-sur-Mer,
1868

5

pinto impressionista più famoso, opera di Monet: *Impression, soleil levant.*

Anche il vicino villaggio di Étretat, dove si trova «la più bella scogliera di Francia» come la definì Monet, vide la presenza di Delacroix, Isabey (maestro di Jongkind), Corot, Diaz de la Peña, Monet e in seguito Matisse. I giganteschi scogli ad arco come "La Manneporte" o "La Porte d'Aval" (la cosiddetta Rupe Minore, presso la quale Courbet aveva costruito uno studio nel 1869) furono i protagonisti di vari dipinti, che Monet realizzò fra il 1883 e il 1885. Si tratta di vedute invernali, quando il paese abbandonato dai turisti tornava a essere un villaggio di pescatori sbattuto dal mare in tempesta.

A Rouen, situata sulla strada da Parigi a Le Havre, soggiornarono più volte Pissarro dal 1883 e Monet nel decennio successivo. Rouen esercitò su Pissarro un fascino particolare per il suo carattere ibrido di città medievale e di porto fluviale industrializzato. L'artista rimase suggestionato da svariati soggetti, colti durante il suo peregrinare per la città (il porto, la cattedrale, la nebbia), ma aspettò a mostrare pubblicamente i suoi quadri (almeno tredici) per timore del confronto con la serie delle *Cattedrali* di Monet, esposta nel 1895 (v. pagg. 28-29). Tornato a Rouen nel 1896 e nel 1898, esegue una serie di dipinti focalizzati su un piccolo numero di motivi: ponti, banchine, porti, la nuova stazione ferroviaria, la cattedrale gotica dipinta in diverse condizioni di luce, tempo e atmosfera. Dipinge inoltre il porto, il lungofiume attraversato da ponti che tagliano diagonalmente le tele, mentre gli alberi, i camini dei battelli, le gru e le alberature delle navi consentono di articolare la composizione secondo una serie di verticali e di orizzontali.

LA FOTOGRAFIA

Direttamente connessa con la natura dell'impressionismo fu l'invenzione della fotografia, che in pochi decenni si affermò come la più popolare fra le arti visive del secolo. Nel 1849, appena dieci anni dopo che l'invenzione di Daguerre fu resa pubblica, già centomila stampe fotografiche erano state vendute nella sola Parigi, e il pessimistico commento fatto nel 1850 dal pittore accademico Paul Delaroche «da oggi la pittura è morta», sembrò a molti un giusto pronostico. Fra le prime vittime vi furono i pittori specializzati in ritratti in miniatura, che scomparvero dalla scena artistica fino a che, all'inizio del nuovo secolo, l'eccessiva popolarità dei ritratti fotografici non fu tale da riportarli nuovamente alla ribalta. Ma la fotografia aveva ormai sollevato l'arte da uno dei suoi compiti più limitanti, quello della pura riproduzione. Ora che il realismo era assicurato dall'apparecchio fotografico, che non mentiva nel documentare persone e luoghi, i pittori potevano perseguire i loro scopi personali – come fecero gli impressionisti – con una nuova libertà. E per questo utilizzarono anche la stessa fotografia. Se Degas ne fece un ampio e dichiarato uso, anche Corot, Bazille, Monet e Cézanne se ne servirono spesso, seppure furono riluttanti ad ammetterlo. La macchina fotografica influì a vari livelli sul modo di guardare le cose. Degas parlava della sua «magica istantaneità», qualità avvalorata dall'introduzione nel 1880 della prima macchina istantanea della Kodak. Anche Zola ne era un particolare estimatore e ne possedeva una. Il *Funerale a Ornans* di Courbet fu criticato per la sua somiglianza a un «dagherrotipo sbagliato», mentre *L'atelier* riproduce la posa di molte foto di nudi diffuse a Parigi in quegli anni. Gli effetti determinati dalla fotografia sulla generale sensibilità visiva dell'epoca, e in particolare su quella impressionista, andarono ben al di là dell'uso che ne fecero i singoli artisti. Nonostante i progressi nelle tecniche d'incisione, fino all'avvento della fotografia e poi della mezza tinta che permise alle immagini fotografiche di essere riprodotte in serie in giornali e riviste, nessuno aveva un'idea precisa dell'aspetto della gente e dei luoghi che esulavano dalla diretta esperienza personale. La fotografia produsse una

1

1. Gustave Courbet, L'atelier, *1845-1855, Parigi, Musée d'Orsay*

2. Gustave Courbet, Funerale a Ornans, *1848, Parigi, Louvre*

nuova consapevolezza visiva e un certo scetticismo sulle immagini idealizzate dell'arte accademica. Chi aveva visto, per esempio, le foto di nudo di Julien Villeneuve non poteva più dare lo stesso valore ai nudi di Bouguereau, e cominciò seppure riluttante a chiedere ai pittori qualcosa di quel realismo che era dichiarata intenzione degli impressionisti esprimere. Ma la fotografia dette anche un più specifico contributo operativo. Prima della sua invenzione, le opere d'arte del passato o di un diverso ambito geografico erano conosciute solo attraverso incisioni di livello più o meno buono. Tutto cambiò con l'avvento di ditte specializzate, come gli Alinari di Firenze, che offrivano eccellenti stampe fotografiche in bianco e nero di pitture e monumenti, ampliando così notevolmente la conoscenza dell'arte. In Francia il ruolo degli Alinari fu svolto da Adolphe Braun (1811-1877), che ottenne l'esclusiva per riprodurre i quadri del Louvre, e che fotografava anche l'arte contemporanea, scegliendo generalmente fra le opere ammesse al Salon. Alla fine del secolo disponeva di novemila foto di opere moderne, fra cui molte di Millet, Corot, Puvis de Chavannes, una di Manet, due di Monet e cinque di Degas.

2

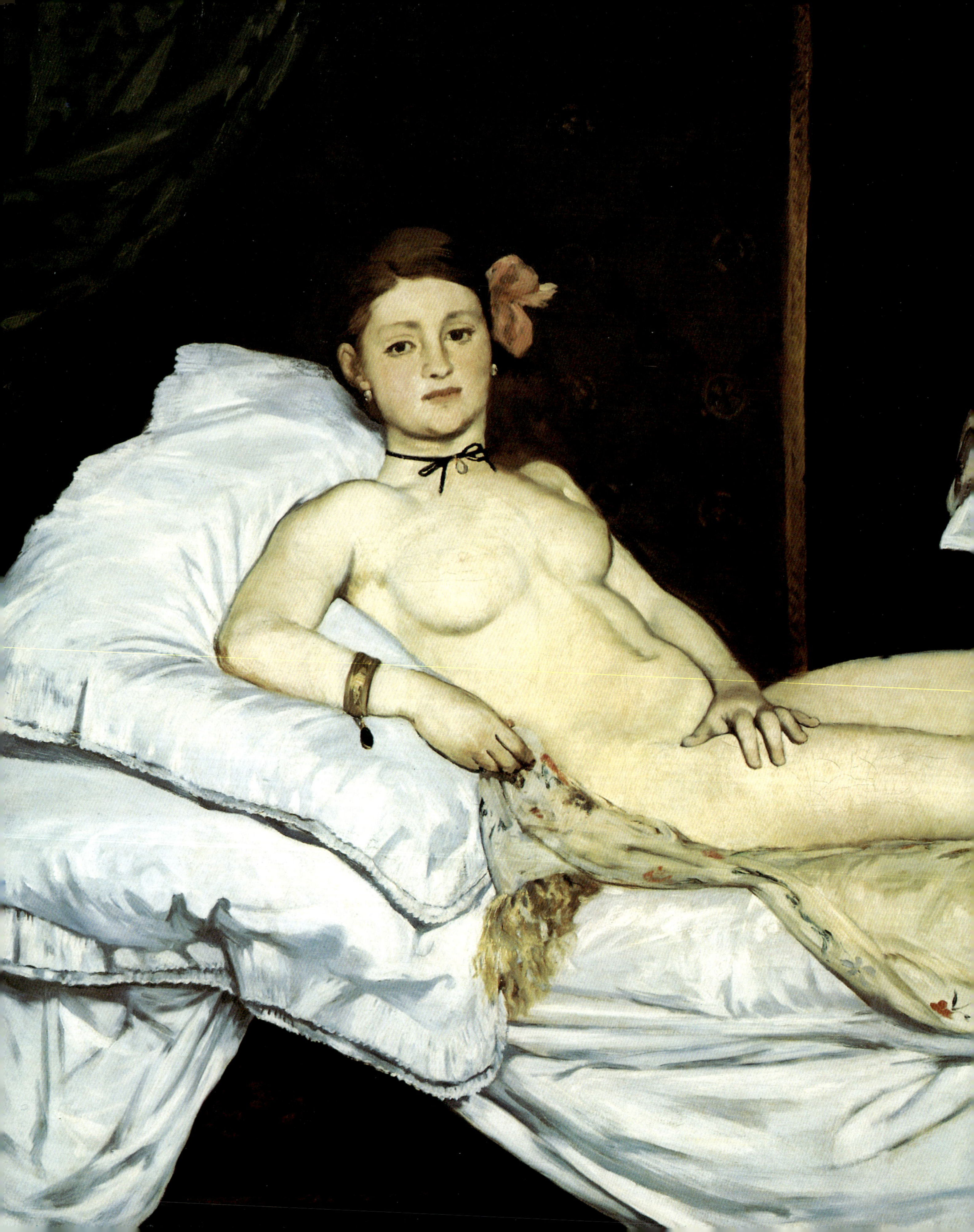

CAPITOLO

I SOGGETTI

QUARTO

Elemento fondante per un movimento pittorico che voleva opporsi all'Accademia, oltre allo stile, è il soggetto. Sino all'*Olympia* di Manet, non era mai stato dipinto un nudo se non con connotati iconografici tali da giustificarlo. Gli impressionisti, al contrario, rifiutarono decisamente i soggetti di storia religiosa, mitologica o profana, completando il processo già cominciato dal realismo, anche a costo dello scandalo della critica e del pubblico. Fra i preferiti, oltre al nudo, i soggetti legati alla pittura all'aperto e alle attività umane.

In apertura, alle due pagine precedenti: Edouard Manet, Olympia, *1863, Parigi, Musée d'Orsay*

1. Edouard Manet, Copia dalla *Venere di Urbino* di Tiziano, *1856*

2. Edgar Degas, Dopo il bagno, *1896*

3. Edouard Manet, Nudo disteso, disegno, *1858-1860, Parigi, Louvre*

Il nudo

Le Déjeuner sur l'herbe (v. pag. 10) e *Olympia*, due notissime opere che Manet realizzò nel 1863, undici anni prima della mostra con la quale il gruppo impressionista si rese universalmente noto, annunciarono, accompagnate da grande clamore, le nuove tendenze. Quando nel 1863 *Le Déjeuner sur l'herbe* venne presentato al cosiddetto Salon des Refusés, il quadro ebbe l'effetto di un vero e proprio cataclisma su pubblico e critica. A sconvolgere i presenti non fu tanto la novità della tecnica, non ancora impressionista, quanto il tipo di nudo che il dipinto presentava, un nudo che metteva in crisi il tradizionale approccio di tanta pittura precedente a un genere ben "collaudato" e documentato.

Non si trattava di una dea, né di una ninfa, né tantomeno di una raffigurazione allegorica, come quelle che gli artisti accademici ancora si affaticavano a rappresentare sulla scia dei grandi maestri del passato, da Raffaello a Giorgione a Tiziano a Goya: quella donna, spogliata dei suoi abiti e seduta a conversare con due "messieurs" della borghesia parigina di allora, sembrava piuttosto un'indecente prostituta.

In effetti, anche se Manet aveva accennato ad Antonin Proust di volersi ispirare, per il suo quadro, alle «donne di Giorgione, quelle con i musicisti» (*Il concerto campestre*, conservato al Louvre), una volta posta mano all'opera dimenticò ogni altro modello, a parte un generico riferimento al modello veneziano e ad alcune stampe del celebre incisore bolognese Marcantonio Raimondi (1480-1534 circa) tratte dal *Giudizio di Paride* di Raffaello. *Le Déjeuner sur l'herbe* raffigurava prosaicamente una donna senza vestiti, un nudo privo di quegli ornamenti che accompagnavano i nudi di cui era pieno il Salon ufficiale. Il nudo di Manet appariva attuale: gli abiti moderni ammucchiati per terra e lo sguardo rivolto agli spettatori facevano pensare non a una dea, ma a una prostituta, parola che per molti era intercambiabile con quella di modella.

Lo stesso vale per *Olympia,* che fu esposto al Salon del 1865, suscitando non minore scandalo. Gli ovvi riferi-

4

4. Pierre-Auguste Renoir,
Il giudizio di Paride,
1914,
Hiroshima,
Hiroshima Museum

1

1. *Edgar Degas,*
La vasca da bagno,
1886,
Parigi,
Musée d'Orsay

2. *Pierre-Auguste Renoir,*
Bagnante
con grifoncino,
1870,
San Paolo,
Museu de Arte

3. *Edgar Degas,*
Nudo che si acconcia
i capelli,
1888,
New York,
Metropolitan
Museum of Art

4. *Frédéric Bazille,*
La toilette,
1870,
Montpellier,
Musée Fabre

2

3

menti del dipinto agli antichi maestri, alla *Venere di Urbino* di Tiziano o alla *Maja desnuda* di Goya, sembravano come annullati da un soggetto che raffigurava chiaramente una prostituta dall'espressione impudente.

Molti elementi, in effetti, autorizzavano la lettura che ne dettero i contemporanei. Innanzitutto, l'aspetto e la posa di *Olympia* rimandavano a fotografie più o meno artistiche che avevano un enorme mercato nella Parigi dell'epoca, rivolto anche a quanti si servivano di immagini di nudo per uso professionale. Poi c'era la serva negra, un topos ricorrente della pittura accademica usato per alludere alla prostituzione. A questi elementi si aggiungeva il titolo provocatorio che Manet aveva scelto: Olympia era infatti un nome diffuso tra le prostitute d'alto bordo (è, per esempio, il nome della rivale della protagonista nella *Signora delle camelie* di Dumas).

Al nudo dedicò un'attenzione costante Renoir, che sosteneva di dipingere le donne «come se fossero carote». *Nudo al sole* (v. pag. 34), esposto nel 1876 alla seconda mostra impressionista, è un compendio delle idee del gruppo: chiazze di luce avvolgono tutta la scena e gareggiano con il motivo delle ombre sul corpo della ragazza. Ma i nudi di Renoir cambiarono sensibilmente nel corso degli anni, come risulta evidente dal confronto dell'opera appena ricordata con una degli esordi, per esempio la *Bagnante con grifoncino*, del 1870, e con opere più tarde come la *Bagnante bionda II*, del 1882, o *Le grandi bagnanti*, dipinto tra il 1884 e il 1887 (v. pag. 107).

Tali immagini, dalla sensualità evanescente e artificiosa, stridono al confronto con i nudi realizzati da Degas, fra il 1878 e il 1886, e rappresentanti, come precisa il pittore stesso: «La bestia umana che si occupa di se stessa: una gatta che si lecca. Ma le mie figure femminili sono esseri semplici, onesti, che non si occupano di null'altro che delle loro occupazioni materiali. Ecco un'altra che si lava i piedi: è come se la si stesse osservando attraverso il buco della serratura».

4

1

1. *Frédéric Bazille,*
La famiglia dell'artista su una terrazza,
1869,
Parigi,
Musée d'Orsay

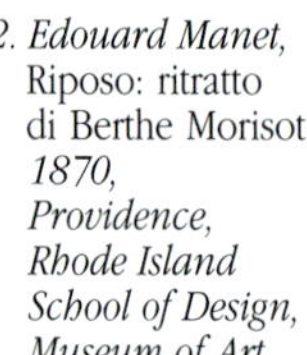

2. *Edouard Manet,*
Riposo: ritratto di Berthe Morisot,
1870,
Providence,
Rhode Island School of Design, Museum of Art

3. *Edgar Degas,*
Ritratto di Diego Martelli,
1878-1879,
Edimburgo,
National Gallery of Scotland

2

3

IL RITRATTO

Oltre al nudo, un altro dei generi "rivisitati" dagli impressionisti è il ritratto. Chi più chi meno, tutti i membri del gruppo si cimentarono con questo tema, che stimolò soprattutto Degas, specialmente fra il 1850 e il 1870, quando l'artista eseguì sia autoritratti che numerosi ritratti di familiari. In queste opere, più chiaramente che altrove, risulta evidente l'influsso di quegli artisti del Rinascimento, soprattutto fiorentini, che Degas studiava così assiduamente.

La famiglia Bellelli, ritratto di una famiglia italiana imparentata con l'artista, fu dipinta due volte da Degas, e restò l'opera più importante della sua giovinezza (anche se rimase praticamente sconosciuta fino alla sua morte, nel 1917). Grande esercizio di realismo sia visivo che psicologico, il dipinto, come altri quadri dell'artista, è una scena di "conversazione", nel senso attribuito al termine nel XVIII secolo ("conversation piece"), più che un ritratto di gruppo. Degas rivendicava a questo suo lavoro illustri precedenti: Giorgione, Mantegna e Carpaccio. Studi recenti hanno sottolineato l'influenza di Hans Holbein, di cui Degas conosceva i quadri conservati al Louvre, e di van Dyck, che l'artista aveva avuto modo di vedere a Genova. Per quanto riguarda la composizione, il richiamo è invece ai ritratti di famiglia di Ingres, e ai quadri di Courbet dello stesso genere.
Nel 1878, quattro anni dopo la prima mostra impressionista, Degas iniziò un altro straordinario ritratto, quello del critico d'arte e scrittore fiorentino Diego Martelli, portavoce dei macchiaioli, corrente italiana per più di un aspetto vicina all'impressionismo.

Gli impressionisti ritrassero preferibilmente amici, parenti, le proprie compagne, i figli, le persone in qualche modo a loro legate. Uno dei primi ritratti di gruppo all'aperto venne realizzato da Bazille nel 1869, in *La famiglia dell'artista su una terrazza vicino a Montpellier*, a cui seguirono quelli altrettanto significativi di Monet, Renoir e della Morisot.

4

4. Edgar Degas,
La famiglia Bellelli,
1858-1860,
Parigi,
Louvre

Il giardino

La natura esuberante dei giardini fu uno dei soggetti all'aria aperta più amati dagli impressionisti. *Donne in giardino* (1866-1867) fu il primo quadro "en plein air" dipinto da Monet. La sola modella per tutto il lavoro fu la sua compagna, Camille Doncieux. Quest'ultima, divenuta sua moglie, insieme al figlio Jean torna in *La casa dell'artista ad Argenteuil* (1873) (v. pag. 98), il villaggio poco fuori Parigi dove Monet si era da poco trasferito. Qui venivano spesso a trovarlo i suoi compagni, in particolare Renoir che in quello stesso anno ritrasse Monet mentre dipingeva al cavalletto nel suo giardino.

Momenti di felice ispirazione, e di appagante sperimentazione, furono offerti a Monet dai giardini delle case a Vétheuil (1880) e a Giverny (dal 1890). Questo luogo ispirò all'artista rappresentazioni di aiuole dai fiori multicolori (*Giardino dell'artista a Giverny*, 1900), decine di vedute dello stagno alla giapponese creato deviando il piccolo affluente del fiume Epte (*Il ponte giapponese a Giverny*, 1900); e infine quei «paesaggi d'acqua e di riflessi» popolati da ninfee che lo impegnarono fino alla morte.

Del resto, come Monet, così Renoir in rue Cortot a Montmartre (*Giardino in rue Cortot*, 1876), la Morisot a Bougival al 4 di rue de la Princesse (*Eugène Manet e la figlia a Bougival*, 1881; *Ragazza che cuce in giardino*, 1884) e Pissarro a Pontoise e poi a Eragny scelsero di abitare, o almeno soggiornare periodicamente, nei dintorni di Parigi in case circondate da giardini. Renoir ambientò nel giardino della sua casa, sulla collina di Montmartre, il famoso dipinto *L'altalena*, che ispirò *Une page d'amour* di Zola.

Anche Caillebotte nel 1878 rappresentò il giardino della casa di famiglia a Yerres, in *Gli alberi di aranci*; mentre Manet nel 1880 ritrasse quello della sua casa a Bellevue, dove andava a fare cure termali (*Ragazza in giardino*).

1. *Berthe Morisot,* Eugène Manet e la figlia a Bougival, *1881*

1

2. *Pierre-Auguste Renoir,* L'altalena, *1876, Parigi, Musée d'Orsay*

2

3

3. *Pierre-Auguste Renoir,* Giardino in rue Cortot, *1876, Pittsburgh, The Carnegie Museum of Art*

4. *Claude Monet,* Donne in giardino, *1866-1867, Parigi, Musée d'Orsay*

1. *Claude Monet,*
I papaveri,
1873,
Parigi,
Musée d'Orsay

1

2. *Claude Monet,*
Covoni alla fine dell'estate,
1890-1891,
Parigi,
Musée d'Orsay

2

3. *Camille Pissarro,*
Un orto a Pontoise,
1877,
Parigi,
Musée d'Orsay

3

La campagna

La campagna francese fu, più che il giardino fiorito, il soggetto preferito di Pissarro. Ma fu soprattutto quella specie di grande orto che era la campagna attorno a Parigi ad attrarlo: Pontoise, per esempio, il paese di *Un orto a Pontoise*, che a partire dagli anni Settanta fu uno dei temi dominanti della sua pittura. In questi dipinti è protagonista una campagna silente abitata dall'uomo e coltivata secondo i tempi lenti e cadenzati delle stagioni, che ne mutano i colori e l'aspetto.
A Cézanne, che negli stessi anni visse fra Pontoise e il vicino villaggio di Auvers-sur-Oise, il più anziano Pisarro insegnò a lavorare "sur le motif", abbandonando temi drammatici e letterari, e a schiarire la tavolozza: forte di tali insegnamenti, Cézanne dipinse *La casa dell'impiccato* (v. pag. 35), opera esposta alla prima mostra impressionista del 1874, il cui titolo è forse solo immaginario e senza alcun riferimento a fatti realmente avvenuti.

Alla mostra del 1874 furono presentati anche *I papaveri* di Monet: qui la nota dominante sono le macchie rosse che accompagnano il declinare del folto prato nei pressi di Argenteuil, in cui cammina Camille con il figlio. Renoir, quasi rispondendo a un invito ben accetto, dipinse nel *Sentiero nell'erba alta* (1874) una composizione simile, eppure diversa nei tratti distintivi dello stile. Dai dintorni di Giverny, Monet trasse spunto per la serie dei *Covoni*, che esposti da Durand-Ruel nel 1891 consacrarono il successo dell'artista.

Una campagna innevata o trasfigurata dalla nebbia – apprezzata peraltro anche da Monet (*La gazza*, 1867) – sembra prediletta da Sisley, che forse in essa vedeva corrispondere il proprio carattere chiuso e solitario, come per esempio in *Nebbia a Voisins* (1874) e in *Sentiero dell'Etarché a Louveciennes, sotto la neve*, 1874 (v. pag. 100).

4

4. Pierre-Auguste Renoir,
Sentiero nell'erba alta,
1874,
Parigi,
Musée d'Orsay

1. *Camille Pissarro,*
La Senna a Port-Marly,
1872,
Stoccarda,
Staatsgalerie

1

Il fiume

Nel 1869, Monet, Renoir, Pissarro e Sisley lavorarono in varie località fluviali a nord di Parigi, fra Argenteuil, Chatou, Asnières e Bougival. Luogo di incontro molto ambito della borghesia, che in questa zona trovava i suoi momenti di evasione, era lo stabilimento balneare con ristorante della Grenouillère sull'isolotto di Croissy, di fronte a Bougival. Il luogo venne ritratto più volte da Pissarro, Renoir e Monet, ciascuno riflettendo nelle varie composizioni il proprio temperamento.

Ad Argenteuil Monet aveva allestito, con l'aiuto di Caillebotte, un battello-studio, immortalato dallo stesso Monet nel *Battello-studio ad Argenteuil* (1874) (v. pag. 52) e da Manet in *Claude Monet e sua moglie sull'atelier galleggiante* (1874) (v. pag. 46). Proprio ad Argenteuil, Monet e Renoir trovarono ancora uno spunto comune nelle bianche vele che galleggiavano sulla Senna: dopo aver dipinto, nel 1872, *Il bacino di Argenteuil* e *Regate ad Argenteuil* (v. pag. 56), Monet due anni dopo realizzò *Vele ad Argenteuil,* lavorando a fianco di Renoir sullo stesso motivo. Il medesimo luogo, diversi anni dopo, sarebbe stato poi ripreso da Caillebotte in *Barca a vela ad Argenteuil* (1885-1890).

La Senna non era solo sede di passeggiate e vacanze, ma anche una delle principali vie di comunicazione per Parigi e dintorni, ed era quindi costellata da barconi, pontili e case galleggianti, e come tale venne immortalata nei quadri di Guillaumin (*Il ponte Luigi Filippo,* 1875; *La Senna a Charenton,* 1878; *Ladri di carbone sul quai de Bercy,* 1882, v. pag. 171); di Sisley (*Il canale Saint-Martin a Parigi,* 1870); e di Pissarro (*La Senna a Port-Marly,* 1872). Cézanne, che fra il 1875 e il 1876 abitò sul quai d'Anjou a Parigi vicino a Guillaumin, su suggerimento di quest'ultimo ritrasse la Senna in quella zona.

2. *Camille Pissarro,*
La Grenouillère
a Bougival (part.),
1869

2

3. *Gustave Caillebotte,*
Barca a vela
ad Argenteuil,
1885-1890,
Parigi,
Musée d'Orsay

3

1

1. *Berthe Morisot,* Il porto a Lorient, *1869, Washington, National Gallery of Art*

2. *Edouard Manet,* Battaglia navale tra la Kearsage e l'Alabama, *1864*

2

IL MARE

Lo spettacolo del mare venne colto da Manet nelle varie forme di natura tranquilla, vitale o vissuta drammaticamente; quest'ultimo è il caso del quadro che ritrae il combattimento fra il "Kearsage" e l'"Alabama", episodio della guerra civile americana avvenuto al largo delle coste francesi della Manica nel 1864.

Un «quadro cinese con bandiere» definì Monet la sua *Terrazza sul mare a Sainte-Adresse* (1867) (v. pag. 59), dove l'artista ritrasse in primo piano il padre residente nella vicina Le Havre. L'impaginazione del dipinto, in cui è assente un punto di fuga unificatore, viene di solito accostata a quella di una stampa giapponese databile intorno al 1830, e che Monet possedeva: *Il Saizado del tempio di Gohyaku-rakanji* di Katsushika Hokusai (v. pag. 58), che faceva parte della serie *Trentasei vedute del Fuji*, ben note a Parigi dalla metà dell'Ottocento.

Come in questo dipinto, ancora influenzato dalle stampe giapponesi risulta l'artista nella più tarda *Passeggiata sulla scogliera a Pourville* (1882) (v. pag. 24), in Normandia. A tutt'altro registro, sulla scia di Boudin, appartengono le immagini tratte da Manet (*Sur la plage*, 1873) e dallo stesso Monet (*La spiaggia a Trouville*, 1870) (v. pag. 60) dalla vita nei centri di villeggiatura balneare di Trouville e Deauville, divenuti di gran moda nel secondo Impero. L'atmosfera mondana che circondava *L'hôtel des Roches Noires â Trouville* (v. pag. 60), ritratto da Monet nel 1870, sarebbe stata poi rievocata nelle pagine di Marcel Proust.

Quasi una produzione segreta, sono i piccoli e bellissimi pastelli eseguiti da Degas nel 1869, quando soggiornò presso Manet a Boulogne-sur-Mer. In quell'anno si registrano sia la veduta notturna del porto di Boulogne di Manet, sia il dipinto con figura "en plein air" (che ritrae la sorella Edma) della Morisot, dipinto donato dall'autrice allo stesso Manet.

3

3. Edouard Manet,
Chiaro di luna
sul porto di Boulogne
1869,
Parigi,
Musée d'Orsay

1. *Claude Monet,*
St. Germain-l'Auxerrois,
1866,
Berlino,
Nationalgalerie

1

2

2. *Claude Monet,*
Il quai du Louvre,
1867,
L'Aja,
Gemeentemuseum

3

3. *Camille Pissarro,*
Boulevard des Italiens, mattinata di sole,
1897,
Washington,
National Gallery of Art

La città e i boulevard

La realtà urbana della Parigi dell'epoca è raffigurata da molti dipinti impressionisti. Opere come *Pont de l'Europe* (1877), *Rue Montorgeuil* (1878) o le otto vedute della *Gare Saint-Lazare* (1876-1877), sono una vera e propria summa dell'impressionismo, anche se le ricordate opere di Monet erano molto dissimili rispetto alle versioni quasi fotografiche che di quella stessa realtà, e in quegli stessi anni, dette Caillebotte. Quest'ultimo, nel 1876, rappresentò una veduta del Pont de L'Europe in un ardito scorcio prospettico, il cui punto di fuga è segnato dal cilindro dell'elegante signore che passeggia (*Pont de l'Europe*, 1876). La composizione, per inquadratura e stile, stride al confronto col *Pont de l'Europe* di Monet (1877), dove fra l'altro il ponte è visto dal basso, dai binari sottostanti. Renoir raffigurò invece il *Pont des Arts* (1867), *I pattinatori al Bois de Boulogne* (1868) e nel 1872 il *Pont Neuf* (ritratto in una giornata di sole dalla finestra di uno dei palazzi vicini, v. pag. 155), come fece nello stesso periodo anche Monet, scegliendo però una giornata di pioggia.

Dalla fine del secolo anche Pissarro fece ripetuti soggiorni a Parigi, durante i quali rappresentò suggestivi scorci dall'alto dell'animata vita urbana. I boulevard parigini dettero un nuovo volto alla città, che non passò inosservato ai pittori impressionisti: l'atmosfera vibrante e animata del *Boulevard des Capucines* (1873) di Monet pare contrastare con la resa quasi fotografica della *Strada di Parigi, tempo piovoso* (1877) di Caillebotte. Questo dipinto (v. pag. 101) rappresenta uno scorcio fra rue Saint-Petersbourg (poi rue Leningrad), la Gare Saint-Lazare e place de Clichy, una zona che solo poco tempo prima era un intreccio di viuzze maleodoranti affollate da vecchie casette con terrazzi. Nel 1897, anche Pissarro cominciò a eseguire una serie di vedute panoramiche delle strade di Parigi, viste dalle camere d'albergo dove risiedeva (*Boulevard des Italiens, mattinata di sole* e *Boulevard Montmartre, pomeriggio, giornata di sole*, 1897; *Place du Théâtre Français sotto la pioggia*, 1898).

4

4. *Camille Pissarro,*
Boulevard Montmartre,
pomeriggio, giornata
di sole,
1897,
San Pietroburgo,
Ermitage

1. *Edouard Manet,* Alla ferrovia, *1872-1873, Washington, National Gallery of Art*

2. *Camille Pissarro,* La stazione di Upper Norwood, *1871, Londra, Courtald Institute Galleries*

1

2

IL TRENO

Il treno era il simbolo dello sviluppo industriale in atto, inarrestabile, rapido; con questo significato era stato già rappresentato da William Turner in *Pioggia, vapore, velocità* (1844), e tale venne riproposto da Monet. Quest'ultimo, nell'inverno del 1876, affittò uno studio in rue d'Edimbourgh, nella zona del Pont de l'Europe dove si trovava la Gare Saint-Lazare, progettata dall'architetto Eugène Flachat qualche anno prima. L'artista la trovò di grande fascino e suggestione: i treni dalle imponenti sagome nere in arrivo e in partenza; le rotaie in ferro dolcemente sinuose in scorcio come direttrici prospettiche; le aeree travature in ghisa, leggere all'apparenza nonostante la pesantezza del materiale; e infine i fumi delle macchine confusi con le nebbie cittadine in giochi di luci e colori, furono elementi che con il variare delle inquadrature e delle ore del giorno suggerirono al pittore una serie di otto oli, esposti in seguito alla mostra impressionista del 1877.

Sia pure con altri intenti, ma sempre di fronte alla Gare Saint-Lazare, è ambientato *Alla ferrovia* (1872) di Manet, in cui non sono protagonisti i treni (qui solamente allusi dal fumo), ma due figure femminili rappresentate "a tutto campo": Victorine Meurent – modella del *Déjeuner sur l'herbe*, di *Olympia* e di altri quadri – e la figlia di Alphonse Hirsch, la cui casa era situata davanti alla stazione.

Dalla Gare Saint-Lazare partivano i treni che mettevano in comunicazione la capitale con Dieppe e i centri abitati sulla Manica: tali mezzi venivano dunque presi di frequente da Monet e compagni, anche quando soggiornavano nei pressi di Argenteuil. Il treno come elemento complementare del paesaggio compare, oltre che nello stesso Monet (*Treno nella campagna*, 1872 circa) anche in Manet, Pissarro e Sisley. *La stazione di Upper Norwood* di Pissarro risale a quando, nel 1871, l'artista si trasferì a Londra dove viveva la sorellastra, stabilendosi appunto a Upper Norwood.

3

3. Claude Monet,
La Gare Saint-Lazare,
1877,
Parigi,
Musée d'Orsay

1. *Edgar Degas,*
Le stiratrici,
1884-1886,
Parigi,
Musée d'Orsay

1

2

2. *Edgar Degas,*
Lavandaia,
1882,
Washington,
National Gallery of Art

3. *Camille Pissarro,*
Macellaia,
1883,
Londra,
Tate Gallery

Il lavoro

Anche se l'interesse per le attività umane da parte di Monet, Manet, Renoir e della Morisot sembra soprattutto orientato verso momenti di svago spensierato, Degas, Pissarro e Caillebotte dedicarono alcuni dei loro quadri al tema del lavoro.

Stiratrici e lavandaie, sfinite dalla fatica, sono le protagoniste di vari oli e pastelli realizzati da Degas a partire dal 1869. La versione più nota di tale soggetto è il quadro del 1884-1886 con due stiratrici che, come è stato notato, rivela suggestioni dalla letteratura naturalista, in particolare da *L'assommoir* di Zola.

Nel 1876, alla seconda mostra del gruppo impressionista, Gustave Caillebotte esordì con un dipinto che destò scalpore: *I piallatori di parquet* (v. pag. 36), rifiutato l'anno precedente al Salon. Il lavoro dei tre uomini, inginocchiati a torso nudo con la schiena ricurva, è presentato in tutta la sua durezza e la fatica che arreca. La verità irritante della scena le toglieva ogni giustificazione estetica.

Spinto dalle sue idee di ispirazione socialista, Pissarro si era sempre interessato al lavoro nei campi eseguito da spigolatrici, mietitori, contadini, raffigurati in dipinti che certo tenevano conto della lezione di Millet, come *Le spigolatrici* del 1889 che riprende l'analogo dipinto di Millet del 1857. Negli anni Ottanta l'artista, che aveva fino ad allora "timidamente" rappresentato i suoi personaggi in posizione secondaria nel paesaggio, rappresentò i suoi contadini nel loro ambiente naturale colti durante il loro lavoro o nei momenti di riposo (*La raccolta delle mele*; *Ragazza con bastoncino*, 1881) (v. pag. 15). Associate alla vita rurale, erano le scene di mercato che Pissarro dai primi anni Ottanta ritrasse a Gisors, a Pontoise e a Parigi (*La macellaia*, 1883); figure toccanti che a Degas sembrarono «angeli che vanno al mercato».

3

L'ozio

La Parigi dei ritrovi e dei piaceri borghesi fu immortalata da Renoir, quello che fra gli impressionisti più amò registrare i piacevoli momenti di evasione e divertimento spensierato della borghesia parigina. Uno dei suoi quadri più famosi, il *Moulin de la Galette* (1876) (v. pag. 39), è forse il dipinto più emblematico di questo suo interesse. La composizione, che venne portata a compimento nel vicino studio in rue Cortot utilizzando studi dal vero, riunisce vari ritratti di ragazze del luogo.

Uno dei passatempi preferiti da Renoir e dalle sue allegre comitive era remare in prossimità dei luoghi di villeggiatura intorno alla Senna superiore. Tre miglia a valle di Argenteuil si trovava Chatou, una delle mete favorite dei parigini, dove il principale passatempo era la navigazione a remi. Renoir vi ambientò ben sedici delle sue opere (nove con figure e sette paesaggi fluviali) tra cui *Canottieri a Chatou* (1879). In quest'opera – sul cui sfondo si trova l'osteria di Mère Lefranc – compare per la prima volta Aline Charigot, la sartina di Montmartre che da quello stesso anno divenne compagna e modella prediletta dell'artista, e sua moglie nel 1890. Insieme ad Aline vi è anche l'elegante Caillebotte, anche lui appassionato canottiere e autore di quadri sul tema (*La festa dei canottieri*, 1877). Caillebotte e Aline, con il suo cagnolino, compaiono anche nella *Colazione dei canottieri* del 1880 (v. pag. 43), che Renoir ambienta sulla terrazza del ristorante la Fournaise, ancora a Chatou. L'hobby della barca, allora in voga, ispirò anche Manet che nel 1874 dipinse *Argenteuil* (v. pag. 53) e *Coppia in barca a vela*.

Il tema del ballo torna inoltre in altri dipinti di Renoir del 1883, il cui antecedente potrebbe essere il *Sisley che balla con la moglie* del 1868: si tratta di *Ballo in città, Ballo a Bougival* (dove in entrambi la modella è Suzanne Valadon, madre di Utrillo) e *Ballo in campagna* (in cui è ritratta Aline).

1

2

1. Edouard Manet, La lettura, *1865, Parigi, Musée d'Orsay*

2. Pierre-Auguste Renoir, Ballo a Bougival, *1882-1883, Boston, Museum of Fine Arts*

3

3. Edouard Manet,
Musica alle Tuileries,
1862,
Londra,
National Gallery

1

2

1. *Pierre-Auguste Renoir,* Le petit-café, *1876-1877, Otterlo, Rijksmuseum Kröller-Müller*

2. *Pierre-Auguste Renoir,* Alla fine della colazione, *1879, Francoforte, Städelsches Kunstinstitut*

3. *Edgar Degas,* Il caffè-concerto agli Ambassadeurs, *1877, Lione, Musée des Beaux-Arts*

Il caffè

Il caffè fu uno dei luoghi prediletti da artisti, intellettuali e critici d'arte che amavano ritrovarsi fuori dagli ambienti accademici e ufficiali: il Café Guerbois, di proprietà dell'incisore Emile Bellot, e poi La Nouvelle Athènes furono i locali preferiti dalla "bande à Manet", cioè dai futuri impressionisti. Ed era proprio Manet a fare da protagonista in quelle serate eccitanti, anche se alla Nouvelle Athènes doveva competere con il brillante Degas che gli teneva testa.

Al mondo dei caffè Manet dedicò vari dipinti. Nel 1873, presentò al Salon *Le bon bock* (Il buon boccale) (v. pag. 122), con il corpulento Emile Bellot davanti a un bicchiere di birra. Nel 1879, alla personale presso la sede di "La Vie Moderne", l'artista espose un nutrito gruppo di opere di soggetto affine, fra cui *Al caffè* e *Café-concert* (v. pag. 124) rappresentanti l'ambiente mondano e disinibito della Brasserie Reichshoffen, il *Journal illustré* con il ritratto di Trognette, abituale frequentatrice della Nouvelle Athènes, e ancora *Bevitrici di birra*, *Bevitori* e la *Serveuse de bocks* (Mescitrice di boccali). Alla dolce intimità dei due innamorati in *Chez le Père Lathuille* dipinto da Manet nel 1879 (v. pag. 123) è accostabile l'intensità emotiva di *Alla fine della colazione*, opera ambientata nel giardino di un caffè a Montmartre, eseguita da Renoir lo stesso anno. Alla mostra del 1877 Degas aveva presentato vari pastelli, fra cui *Il caffè-concerto agli Ambassadeurs*, locale amato dall'artista sul cui palcoscenico recita canzonette oscene Victorine Demay, e *Donne al Café-Terrasse* (v. pag. 124), raffigurante quattro prostitute sedute con fare annoiato nel caffè di un boulevard. Quest'ultima opera, poi definita dallo stesso Degas come «troppo cinica e crudele», suggerì a Manet, *Un café en place du Théâtre Français* del 1881 (v. pag. 122).

3

1. *Eva Gonzalès*, Un palco al Théâtre des Italiens, *1874, Parigi, Musée d'Orsay*

2. *Pierre-Auguste Renoir*, Il palco, *1874, Londra, Courtauld Institute*

3. *Edgar Degas*, Ballerina che fa il saluto, *1876-1877, Parigi, Musée d'Orsay*

IL TEATRO

Il teatro, tipico luogo di intrattenimento della borghesia, esercitò sempre una grande attrazione sugli impressionisti, come testimonia Manet nel *Ballo mascherato all'Opéra* del 1873. Il mondo del teatro è fra i più amati da Degas, che era un habitué dell'Opéra. Ballerine e musicisti sono i maggiori protagonisti delle sue opere. In un primo tempo prevalgono le inquadrature suggerite dalle stampe giapponesi, come in *Orchestra dell'Opéra* (1870 circa), con in primo piano il ritratto dell'amico Désiré Dihau (v. pag. 140), *Musicisti all'orchestra* (1870-1871), *Balletto del Robert le Diable* (1871-1872) (v. pag. 163). In un secondo tempo, Degas preferì cogliere nei suoi dipinti gruppi a sé di ballerine fissate nei loro movimenti (*Ballerina che fa il saluto*, 1876-1877).

Tra il 1871 e il 1872 Degas dipinse la sua prima importante scena di balletto, un piccolo olio su tavola dal titolo *La classe di danza*, poi incluso nella prima mostra impressionista. In seguito tornò sul tema molte volte: *Scuola di danza*, del 1872; *La lezione di danza*, del 1873-1875; *Ballerina davanti a una finestra*, del 1874 circa; *L'Etoile*, del 1876; *Lezione di danza*, del 1879; *Ballerine*, del 1883. Allo scadere del secolo l'artista realizzò molti pastelli con due o tre ballerine (per esempio, *Gonne rosse*, 1900 circa), spesso caratterizzati da un colore dominante: verde, blu o rosso.

Alla prima mostra impressionista, nel 1874, Renoir espose *Il palco*, rappresentando un tema già illustrato da Daumier e da Degas. Qualche tempo dopo, sempre Renoir dipinse *Prima uscita* (1875-1876 circa), con una giovane donna che vive per la prima volta l'emozione di sedere nel palco di un teatro. La più assidua esploratrice delle possibilità pittoriche offerte dal palco teatrale fu la pittrice di origine americana Mary Cassatt. Alla sua prima apparizione, alla quarta mostra del gruppo (1879), la Cassatt espose un olio raffigurante la sorella Lydia in un palco a teatro, il primo di una serie dedicata a questo tema, in cui spicca *Donna in nero all'Opéra*, del 1880 (v. pag. 38).

4

4. *Edouard Manet,*
Ballo mascherato all'Opéra,
1873,
Washington,
National Gallery of Art

1. *Pierre-Auguste Renoir,*
Ritratto di Aline,
1885,
Filadelfia,
Museum of Art

1

2

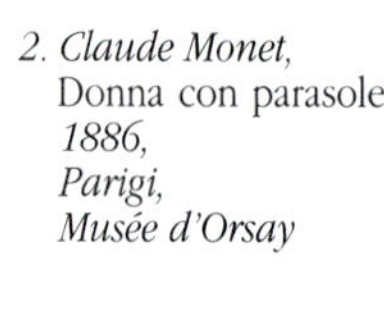

2. *Claude Monet,*
Donna con parasole,
1886,
Parigi,
Musée d'Orsay

3

3. *Edouard Manet,*
Ritratto
di Eva Gonzalès,
1870,
Londra,
National Gallery

Modelle e compagne

Alcune delle modelle che posarono per gli impressionisti diventarono anche le loro compagne e le loro mogli, e viceversa alcune mogli divennero modelle.

Alla moglie Suzanne Leenhoff, abile pianista conosciuta in Olanda e sposata nel 1863, Manet dedicò teneri ritratti negli anni Sessanta come *La lettura* (1865 circa) e *Madame Manet al piano* (1868) (v. pag. 145). Le modelle preferite da Manet furono anche le donne da lui più amate: Victorine-Louise Meurent, modella di professione dell'atelier di Couture e chitarrista (*Cantante di strada*, 1862 circa, v. pag. 145; *Olympia*, 1863, v. pag. 64); Berthe Morisot, conosciuta al Louvre e ritratta per la prima volta nel *Balcone* (1865), e Eva Gonzalès. Queste ultime, entrambe pittrici e allieve di Manet, furono ritratte dal loro maestro in due quadri del 1870. Berthe nel dicembre del 1874 sposò Eugène Manet, fratello di Edouard che da quel momento non la ritrarrà più.

Renoir fu un uomo assai diffidente di fronte al sofisticato fascino femminile e amò donne semplici, dai tratti corpulenti e popolari come Lise Tréhot, la giovane brunetta che gli fece da modella fino al 1874 (*D'estate*, 1869; *Bagnante con grifoncino*, 1870, v. pag. 66), e come poi Aline Charigot, la sartina di Montmartre conosciuta ventenne nel 1879 e sposata nel 1890.

Camille Doncieux, modella di *Donne in giardino* (1866) (v. pag. 71), fu la compagna dal 1865 e poi la moglie di Monet; tale relazione – come l'attività di pittore – fu aspramente osteggiata dalla famiglia dell'artista. Uno dei primi ritratti della malinconica Camille fu *Camille in abito verde* (1866) (v. pag. 151). La sua immagine ricorre di frequente nei dipinti del marito e di amici, quali Renoir (*Madame Monet che legge "Le Figaro"*, 1872) e Manet. Per Monet fu ancora Camille a vestire i panni della *Giapponese* (1876) (v. pag. 37), mentre dieci anni dopo per le due versioni di *Donna con parasole* (1886) avrebbe posato Suzanne Hoschedé, figlia di Alice, seconda moglie dell'artista sposata dopo la morte di Camille avvenuta nel 1879.

IL MERCANTE: DURAND-RUEL

1

1. Pierre-Auguste Renoir,
Ritratto di Paul Durand-Ruel,
1910,
Parigi,
Collezione Durand-Ruel

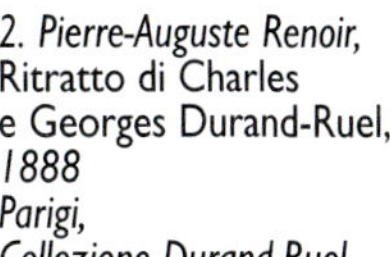

2. Pierre-Auguste Renoir,
Ritratto di Charles
e Georges Durand-Ruel,
1888
Parigi,
Collezione Durand-Ruel

Uno dei più famosi mercanti d'arte di Parigi all'epoca degli impressionisti fu Paul Durand-Ruel (1831-1922), che si distinse cercando di ottenere il monopolio delle opere degli artisti da lui patrocinati. Durand-Ruel, nato a Parigi nel 1831, avviò la sua attività di mercante d'arte dal 1865, con intraprendenza unita a intuito e coraggio. In occasione della guerra franco-prussiana del 1870 fuggì a Londra, dove con tutte le opere portate in salvo dalla Francia aprì una galleria in New Bond Street. Conosciuti Pissarro e Monet, divenne convinto sostenitore e intermediario dei nuovi artisti, e tornato in patria si lanciò negli acquisti. Al suo rientro in Francia puntò decisamente sulla nuova pittura, sostenendola tra l'altro con un gran numero di acquisti, che purtroppo dovette periodicamente sospendere per i rovesci subiti. Ma la promozione in patria dell'arte impressionista non fece dimenticare a Durand-Ruel i mercati stranieri. Nel tentativo di allargare il mercato all'estero, puntò in due direzioni: Londra e Stati Uniti. Fra il 1870 e il 1875, organizzò ben undici mostre nella sua galleria in New Bond Street, senza però riscontrare particolare interesse. Nel 1882 allestì una esposizione al 13 di King Street, in St. James, e un'altra alle Dowdeswell's Galleries. Finalmente nel 1905 Durand-Ruel vide pienamente coronati i suoi sforzi in direzione dell'Inghilterra: una nuova, importante mostra londinese riuscì a imporre definitivamente la pittura impressionista a un mercato assai difficile. Più facile fu invece l'ingresso nel mercato statunitense, grazie anche a sostenitori del gruppo impressionista di origine americana, come Whistler, Sargent e soprattutto Mary Cassatt. Nel 1883 Durand Ruel inviò alcune opere (tra cui *La colazione dei canottieri* di Renoir) all'Esposizione universale dell'arte e dell'industria tenutasi alla Mechanics' Hall di Boston. L'anno successivo fu contattato da uno dei fondatori dell'American Art Association di New York, James F. Sutton, per una mostra che inauguratasi nell'edificio dell'Art Association il 10 aprile 1886 proseguì, con l'aggiunta di alcuni quadri, nei locali della National Academy of Design. L'esito della manifestazione fu incoraggiante, con una vendita stimata attorno al venti per cento delle opere esposte L'esperimento fu ripetuto nel 1887, rafforzando la convinzione che l'America fosse un ottimo mercato, come in effetti apparve chiaro già in quell'ultimo scorcio del secolo. Nel 1889 aprì infatti una galleria anche a New York, al 389 della Fifth Avenue. I suoi due figli Charles e Georges furono entrambi ottimi conoscitori di pittura e Georges in particolare fu attivo sul mercato statunitense.

2

CAPITOLO

LA TECNICA

QUINTO

Il carattere rivoluzionario della pittura impressionista, dato dalla preferenza per soggetti antiaccademici e dallo stile innovativo, comportò ovviamente una profonda ricerca tecnica. Gli impressionisti infatti, piuttosto che fondare il proprio lavoro sul disegno come impianto dell'immagine, introdussero il criterio della visione soggettiva. La stesura della materia è così data attraverso una pennellata che accosta i colori senza mescolarli. La tavolozza è ridotta ai colori dello spettro solare, usati generalmente puri, mentre l'utilizzo del nero è rifiutato anche per la definizione delle ombre.

In apertura, alle due pagine precedenti: Pierre-Auguste Renoir, La Grenouillère, *1869, Mosca, Museo Puškin*

1. Claude Monet, Covoni: effetto neve, *1891, Edimburgo, National Gallery of Scotland*

1

2. Camille Pissarro, La fattoria a Montfoucault, *1874, Ginevra, Musée d'Art et d'histoire*

2

Nel 1895, quando la stagione impressionista volgeva al termine (l'ultima mostra del gruppo risaliva al 1886), Vasilij Kandinskij, dopo aver visto uno dei *Covoni* di Monet nella collezione Shchukin a Mosca, affermava: "Prima conoscevo solo l'arte realista. D'improvviso, per la prima volta, vidi un quadro".

Nell'elaborazione della loro tecnica, gli impressionisti rifiutarono non solo le idee preconcette su cosa un artista debba dipingere, ma anche su come lo debba dipingere. Opponendosi al principio che attribuiva alla linea la capacità di determinare la forma affermarono, pur nelle varie manifestazioni della loro arte e nonostante le grandi diversità individuali, che l'opera per dirla con Cézanne è «essenzialmente una superficie piatta, coperta di colori disposti in un certo modo». Introdussero un interesse per la registrazione del tempo, cogliendo l'attimo prima del suo trascorrere, la luce prima del suo cambiamento e il gesto prima del suo divenire posa.

Se l'approccio diretto al soggetto e la sua scelta furono influenzati dalla scuola realista, la tecnica degli impressionisti (almeno quella che caratterizza la "stagione dorata" del movimento, ovvero i dodici anni intercorsi tra la prima mostra impressionista del 1874 e l'ultima del 1886) fu debitrice della pittura realista soltanto nella sua fase iniziale. Paradossalmente, fu anzi proprio l'impressionismo ad affrettare la fine del realismo, che pure dichiarava di ammirare, spingendolo inconsapevolmente alle sue estreme conseguenze e aprendo così la via all'arte moderna e al superamento del dato reale, in conformità a una piena espressione della soggettività.

Gli impressionisti cercarono di restituire sulla tela, intuitivamente (saranno poi Seurat e i neoimpressionisti ad applicare consapevolmente le leggi che regolano la percezione dei colori), ciò che l'occhio effettivamente coglie: solo delle macchie luminose dai colori diversi, a seconda della lunghezza d'onda che colpisce il nervo ottico. Le tele degli impressionisti non imitano più la natura, sono fatte di vibrazioni luminose e si basano su una nuova pennellata e una nuova tavolozza che rinuncia alla gamma adottata nella prima metà del secolo

3

3. Camille Pissarro,
Il fondo dell'Hermitage
a Pontoise,
1879,
Cleveland,
Museum of Art

1. Pierre-Auguste Renoir,
Paesaggio invernale,
1868,
Parigi,
Musée de l'Orangerie

1.

2. Pierre-Auguste Renoir,
La Senna a Asnières,
1879 circa,
Londra,
Trustees of the National Gallery

2

dai pittori romantici e da Delacroix. La loro tavolozza è semplificata, e si riduce ai colori dello spettro solare che saranno usati puri, stesi a piccole pennellate, non mescolati ma giustapposti secondo le leggi ottiche dei colori complementari applicate in maniera del tutto intuitiva ed empirica, senza il rigore scientifico che caratterizzerà il neoimpressionismo: è l'occhio di chi osserva a una distanza adeguata a compiere la sintesi.

Osservando la *Gare Saint-Lazare* (1877) di Monet nella versione conservata alla National Gallery di Londra, l'occhio nota una serie di neri nel tetto della stazione e nella locomotiva. Questi neri, però, sono fatti di uno scuro rosso porpora accostato a un blu intenso; nel tetto, il colore caldo domina a destra, il freddo a sinistra. Analogamente, un attento esame della *Senna ad Asnières* (1879) di Renoir mostra l'uso dei seguenti colori: biacca, blu, cobalto, giallo limone, giallo cromo, arancio cromo, vermiglio e rosso cremisi, applicati a singole pennellate. A volte sono sovrapposti a fresco, nei riflessi sull'acqua in primo piano; a volte a secco, per creare l'effetto di nebbia sullo sfondo: i veri colori nascono nell'occhio di chi guarda.

Ciò a cui erano interessati gli impressionisti riguardava quanto avveniva nella retina, non quello che succedeva nella mente umana: la cosa importante era il processo percettivo, non quello concettuale. I quadri erano visti come espressione di luce e atmosfera, mentre il soggetto aveva perso completamente il suo valore intrinseco.

Indispensabile complemento della tecnica impressionista era la pittura "en plein air", cioè l'esecuzione all'aperto anziché in studio, col soggetto illuminato dalla luce del giorno invece che da quella artificiale. Uno dei più convinti assertori dell'"en plein air" fu Monet, che si fece addirittura costruire un battello-studio dove fu ritratto da Manet (*Claude Monet e sua moglie sull'atelier galleggiante*, 1874) e al quale lui stesso dedicò un dipinto (*Il battello studio a Argenteuil*, 1874). La regola dell'esecuzione all'aperto non era tuttavia così rigida, e un quadro iniziato all'aperto spesso veniva completato in studio, come fece per esempio proprio Monet per *Donne in giardino*, il primo quadro

3

3. Claude Monet,
Gare Saint-Lazare,
1877,
Londra,
National Gallery

1

1. *Pierre-Auguste Renoir,* La Grenouillère, *1869, Winterthur, Collezione Reinhart*

che l'artista realizzò "en plein air" tra il 1866 e il 1867.

Nel 1869, a Saint-Michel, Monet dipinge in compagnia di Auguste Renoir, misurandosi con la descrizione del pittoresco imbarcadero della Grenouillère. Fin dai primi schizzi Renoir coglie nell'aria un che di capriccioso: i parigini in vacanza sono divertiti e divertenti. Il riflesso cangiante dell'acqua, il palpitare delle foglie fanno da sfondo a una commedia i cui protagonisti sono appunto il complesso della Grenouillère e i piccoli eventi registrati sulla tela. Mentre Monet è assorbito da fenomeni rigorosamente visuali e le sue versioni appaiono più strutturate, così come l'analisi del motivo risulta più sottilmente ottica, Renoir tratta superficie e sfondo in modo continuo, adotta un piano ravvicinato che accresce l'importanza delle figure, la loro integrazione con l'ambiente, segno di più calda partecipazione umana. Se Monet rivela la natura, Renoir rivela la vita, vita di uomini e cose uniti nell'abbraccio dell'atmosfera. L'uno esalta la forza dei colori complementari, l'altro addolcisce i contorni in un insieme fuso, ovattato.

Grazie all'influenza di Monet e a quella di Renoir e Berthe Morisot, a loro volta entusiasti della pittura "en plein air", anche Manet si convertì a quel procedimento diventando, per così dire, un impressionista in piena regola. La nuova fase può essere colta in una serie di dipinti realizzati da Manet tra il 1874 e il 1880 e incentrati sul tema del giardino, come appunto *La famiglia Monet in giardino*, del 1874 (soggetto che ispirò, lo stesso anno, un quadro di Renoir dal titolo *Camille Monet in giardino*): i colori appaiono luminosi e semplicemente giustapposti, le forme semplificate e la luce più varia e diversa da quella delle opere precedenti.

Delle due versioni, quella di Renoir appare più spontanea, mentre quella di Manet risulta più studiata nella composizione, e include una terza figura, presumibilmente Monet, naturalmente al lavoro tra le aiuole: la ricca vegetazione sullo sfondo conferisce a tutto il quadro una certa solennità, compensata in qualche modo dalle galline in primo piano sulla sinistra. A prima vista il dipinto di Manet potrebbe sembrare un'opera della Morisot, se non fosse per la sobrietà

2. *Claude Monet,* La casa dell'artista ad Argenteuil, *1873, Chicago, The Art Institute*

2

3

3. *Pierre-Auguste Renoir,* Camille Monet in giardino, *1874, Washington, National Gallery of Art*

4

4. Edouard Manet,
La famiglia Monet
in giardino,
1874,
New York,
Metropolitan
Museum of Art

1

1. Alfred Sisley,
Il ponte di legno
ad Argenteuil (part.),
1872,
Parigi,
Musée d'Orsay

2

2. Alfred Sisley,
Il sentiero dell'Etarché
a Louveciennes,
sotto la neve,
1874
Washington,
Phillips Collection

del colore. Nel periodo in cui Renoir e Monet si frequentarono ad Argenteuil (dove il secondo, come si è visto, si era trasferito nel 1872) tra i due artisti ci fu grande affiatamento e la loro esperienza di lavoro comune fu determinante sia per l'evoluzione del loro stile individuale che per il definirsi della pittura impressionista. L'interesse per gli effetti di luce, che fu comune ai due artisti in quello che deve essere stato un periodo idilliaco, si rispecchia con particolare intensità nel dipinto che Monet fece della propria casa (*La casa dell'artista ad Argenteuil*, 1873).

In quel periodo Renoir lavorò anche a stretto contatto con Sisley, risolutamente dedito a sperimentare le innovazioni che i suoi amici stavano concretizzando. Sisley era particolarmente interessato ai mutamenti che le diverse ore del giorno e le stagioni determinavano su uno stesso luogo (*Il sentiero dell'Etarché a Louveciennes, sotto la neve*, 1874), frequentava anche lui assiduamente Argenteuil e ne traeva ispirazione per i suoi quadri (*Il ponte di legno ad Argenteuil*, 1872). Degas, al contrario, non condivideva con Monet, Renoir, Pissarro e Sisley la passione per il paesaggio, che avrebbe portato questi artisti all'elaborazione empirica di una nuova tecnica pittorica.

Se Monet, Renoir, Pissarro, Berthe Morisot, Sisley e, in misura minore, Manet rappresentarono la via maestra dell'impressionismo, con il loro interesse per la luce e per l'atmosfera, con il loro modo di giustapporre i colori in modo che si fondano nell'occhio, con la loro fiducia nella pittura "en plein air", l'arte impressionista comportò, tuttavia, una straordinaria varietà di soluzioni, moltiplicatesi sulla basilare scoperta della luce come elemento portante della composizione e veicolo della significazione.

I dipinti *Pont de l'Europe* e *Strada di Parigi, tempo piovoso* di Caillebotte (esposti alla terza mostra del gruppo, tenutasi nel 1877 e definita, a ragione, come «la mostra di Caillebotte», visto che fu lui in pratica a finanziarla e a fornire molte delle opere esposte) appaiono opere decisamente eterodosse. Queste vedute dipinte con una tecnica straordinariamente realistica (soprattutto *Strada di Parigi, tempo piovoso*) sono agli anti-

3

3. Gustave Caillebotte,
Strada di Parigi,
tempo piovoso,
1877,
Chicago,
The Art Institute

1

1. *Edgar Degas,*
Ritratto
di Hilaire De Gas,
1857,
Parigi,
Musée d'Orsay

2. *Edgar Degas,*
pagina di taccuino
con studi di figure
e di mani,
1865,
Parigi,
Louvre,
Cabinet des Dessins

3. *Edgar Degas,*
Interieur-Le viol,
1868-1869,
Filadelfia,
Museum of Art

2

3

4. *Edgar Degas,*
La lezione di danza,
1873-1875,
Parigi,
Musée d'Orsay

podi rispetto alle realizzazioni più tipiche dell'impressionismo. Non diversamente, *I piallatori di parquet*, un quadro dipinto da Caillebotte nel 1875 in cui si vedono tre operai inginocchiati a torso nudo che piallano il pavimento di una stanza, interpreta il soggetto con un realismo quasi irritante (v. pag. 36).

Del resto, non c'era molta unità nemmeno tra quelli che vengono considerati gli impressionisti "ortodossi". Renoir, Sisley, Monet, Pissarro, Berthe Morisot erano tutti fedeli a una certa forma di realismo, si opponevano alla pittura accademica e immaginativa, si dedicavano con entusiasmo al "plein air" e dipingevano le ombre non con il grigio o il nero ma con i colori propri dell'oggetto, cercando di riprodurre l'immagine impressa sulla retina e ricreando sulla tela la luce, le ombre e l'atmosfera. Ma ognuno dei membri del gruppo rispettava questi principi secondo gradi molto diversi.

Tra i maestri indiscussi dell'impressionismo c'era poi Degas, per esempio, che insisteva sull'importanza del soggetto e della chiara definizione della forma, preferendo, in fondo, che si pensasse al gruppo come naturalista o realista, piuttosto che impressionista, e opponendosi a quell'abbandono dei valori formali manifestato da quanti usavano la loro abilità tecnica per dipingere luce, ombra e atmosfera. Questa divergenza avrebbe segnato a fondo la storia dell'impressionismo e portò al suo stesso superamento col neoimpressionismo (noto anche come pointillisme, puntinismo o divisionismo) e con la sperimentazione formale di Cézanne. Degas era totalmente contrario alla spontaneità e all'immediatezza su cui altri tanto insistevano. L'attenzione che molti dedicavano alla luce e all'atmosfera, Degas preferiva spostarla sul valore degli oggetti osservati da vicino. Percepiva la realtà che gli stava attorno in modo diverso da come la vedevano Renoir, Pissarro o Monet: più che abbracciare, il suo sguardo analizzava. Questa acutezza dello sguardo non gli proveniva da un qualche dono innato ma era stata faticosamente conquistata. L'analisi attenta del soggetto prescelto era sviluppata con disegni e schizzi di ogni tipo (tutti i suoi dipinti e gran parte dei suoi pastelli e delle sue incisioni

4

1

2

1. Camille Pissarro,
Il Pont Boïeldieu,
tempo piovoso,
1896,
Toronto,
Art Gallery of Ontario

2. Camille Pissarro,
Tramonto,
Porto di Rouen,
1898,
Cardiff,
National Museum of Wales

erano preceduti da un grosso lavoro preliminare, costituito da studi e bozzetti) e spesso aiutata da rapidi appunti che Degas annotava nel suo taccuino, come in occasione di un esame di ammissione alla scuola di danza dell'Opéra: «Si va in scena; lui entra, seguito dagli assistenti; prende posto al centro della giuria. Tutta la sala è al buio, grandi teli grigio-verde coprono i palchi. Nella buca dell'orchestra ci sono sei grandi luci a gas montate su supporti con ampi schermi riflettenti. Si comincia. I ragazzini con giacchette nere o blu, pantaloni corti, calzini bianchi, che guardano come monelli di strada. Père Mérante, in piedi sulla sinistra, suona il violino. Primo gruppo di ragazzine. Madame Théodore, sulla destra, suona un violino un po' scordato. Secondo gruppo: riconosco Guerra con Madame Théodore. Terzo, Madame Théodore in piedi sulla destra».

Negli anni della maturità, Pissarro subì per un certo periodo l'influenza di Seurat e Signac, capiscuola del neoimpressionismo, un nuovo stile che, come si è detto, sviluppò a partire dalle intuizioni dell'impressionismo una tecnica fondata su una vera e propria scienza del colore applicato sulla tela con pennellate puntiformi (da cui l'altro nome di pointillisme – derivato da "point", punto – con cui è noto il movimento). Dal 1886, anno dell'ultima mostra impressionista (a cui partecipò anche Seurat), Pissarro si esercitò nella tecnica pointilliste, ancora applicata in un'opera come *Le spigolatrici* (1889), che esprimeva la fede dell'artista nell'ideale socialista e la sua persistente ammirazione per Millet, autore nel 1857 di un quadro dallo stesso titolo. Già nei primi anni Novanta, però, l'entusiasmo di Pissarro per il neoimpressionismo si era alquanto raffreddato. Da allora in poi la sua pittura divenne molto più libera, come si nota, per esempio, in due vedute di Rouen che l'artista dipinse rispettivamente nel 1896 e nel 1898 (*Il Pont Boïeldieu, tempo piovoso*; *Il porto di Rouen al tramonto*).

Il confronto tra le opere giovanili di Cézanne e quelle portate a termine durante gli anni della maturità, nella natale Provenza, testimonia lo straordinario cambiamento del suo stile. Mettendo uno accanto all'altro un *Paesaggio* di-

3

3. Camille Pissarro,
Le spigolatrici,
1889,
Basilea,
Öffentliche
Kunstsammlung
Kunstmuseum

1

1. *Paul Cézanne,* Casa in Provenza (Beaurecueil) (part.), *1885-1886, Indianapolis, Herron Museum of Art*

2

2. *Paul Cézanne,* La casa di "père" Lacroix a Auvers (part.), *1873 circa, Washington, National Gallery of Art*

3

3. *Paul Cézanne,* Paesaggio, *1865-1867, New York, Vassar College Art Gallery*

4

4. *Paul Cézanne,* Dentro una foresta, *1898, San Francisco, Fine Arts Museum of San Francisco*

pinto tra il 1865 e il 1867 e *Dentro una foresta*, realizzato nei dintorni di Aix-en-Provence nel 1898, risulta evidente il trapasso da una pittura ancora largamente influenzata da Courbet (con vaste zone dipinte con la spatola e rapide pennellate), a uno stile che prevede una rigorosa analisi delle forme, sottolineata dalla plasticità delle rocce e dallo spiegamento dei piani che risulta rafforzato dalla distribuzione degli stessi colori, contenuti e unificati.

Verso la fine degli anni Ottanta, sembrava che la spinta ideale degli artisti che nel 1874 avevano preso parte alla mostra nel vecchio studio di Nadar in boulevard des Capucines si fosse esaurita. Complicati da dissensi personali, crescevano dubbi e diversità incentrati soprattutto sulla discussione se la pittura che gli impressionisti si erano sforzati di raggiungere mancasse o meno di forma, se si dovesse privilegiare il colore o la linea. Antichi sostenitori del movimento adesso li abbandonavano accusandoli di non aver prodotto niente di valido e di duraturo. Uno di essi, lo scrittore Emile Zola, scriveva a proposito della quarta mostra impressionista del 1879: «Tutti gli impressionisti sono dei semplici tecnici. In arte, come in letteratura, sopravvivono solo le idee e i metodi nuovi. Per imporsi come uomo di genio, un artista deve tirare fuori quello che ha dentro, altrimenti è soltanto un pioniere. E gli impressionisti, per quello che posso vedere, sono esattamente dei pionieri».

Dopo il viaggio in Italia e l'impatto con i maestri del passato, ormai convinto di non possedere la tecnica del disegno, e fortemente influenzato dalla perfezione estetica dei classici, Renoir distrusse numerose tele. Si dedicava adesso alla elaborazione di figure dai contorni rigorosamente delimitati e modellate da colori sfumati senza chiaroscuro. Rimpiangeva la troppa attenzione dedicata in passato agli effetti di luce, e rinnegava così i principi propri dell'impressionismo che vedevano nella cattura dell'istante il fine stesso del momento pittorico. Tutto questo lavorio di ripensamento e di rielaborazione dei principi stessi della sua pittura si concretizzerà nel 1887 nell'ampia tela *Le grandi bagnanti*. Eseguito totalmente in studio, presentava i corpi sinuosi delle fanciulle

5

5. *Pierre-Auguste Renoir,*
Le grandi bagnanti,
1884-1887,
Filadelfia,
Museum of Art

1

1. Pierre-Auguste Renoir,
Gabrielle
con la camicetta rossa,
1911,
Cambridge
Fogg Art Museum,
Harvard University

2

2. Pierre-Auguste Renoir,
La montagna
Sainte-Victoire,
1888-1889,
New Haven,
Yale University
Art Gallery

al bagno, delimitati da netti contorni, circondati da un contesto naturistico privo della freschezza e della luminosità degli ariosi paesaggi eseguiti "en plein air".

Seppure discutibile, non è infine da trascurare una certa incidenza di problemi di natura fisica sulle realizzazioni di alcuni degli impressionisti. Anche se non appare dai suoi autoritratti, Degas (che visse nel terrore di diventare cieco e fu esonerato dal servizio militare proprio per un difetto alla vista) era obbligato a portare gli occhiali. Sappiamo che verso il 1893 gliene fu prescritto un tipo che copriva interamente l'occhio destro e lasciava soltanto una piccola fessura sulla lente sinistra. Ciò può spiegare il ricorrere alla fotografia come fonte di ispirazione per i suoi quadri, e il suo interesse per la qualità tattile della scultura. Poteva essere legata ai suoi problemi di vista anche la passione per il pastello, che richiedeva una maggiore vicinanza alla superficie di lavoro rispetto alla pittura a olio. Anche Cézanne, che però rifiutò sempre di portare gli occhiali, aveva gli stessi problemi, aggravati da una lesione alla retina dovuta al diabete. Nelle opere di Renoir si nota un aumento della quantità di rosso e di arancio via via che l'artista invecchia, e ciò sembra dovuto a una grave forma di cataratta, malattia responsabile non solo di una visione sfocata ma, nei casi più seri, anche di una distorta percezione dei colori, che consente solo al rosso di raggiungere la retina. In grado minore questo stesso handicap colpì dopo i sessant'anni anche Monet, i cui bianchi e verdi andarono progressivamente ingiallendosi, e i cui azzurri, dopo il 1905, diventarono porpora. Quando la cataratta fu rimossa, nel 1923, l'artista cominciò a ritoccare le sue opere più recenti per adeguarle al suo recuperato senso del colore.

L'impressionismo non passò invano. Alla fine del secolo era diventato lo stile di quella che allora cominciava a essere considerata come l'avanguardia (a Barcellona, per esempio, il diciannovenne Pablo Picasso dipingeva quadri che mostravano una forte influenza impressionista), e pochi furono gli artisti, fra quelli che avrebbero dominato la pittura europea del XX secolo, che non cominciarono la loro carriera all'insegna dell'impressionismo.

IL MERCATO

In Francia, durante il Secondo impero e ancor più nella Seconda repubblica, la pioggia di committenze pubbliche era una vera manna per la lobby dei pittori accademici, i cui alti dignitari si spartivano ritratti ufficiali, decorazioni e quant'altro era richiesto da un governo che – nell'ansia di imporsi – non trascurava di vestire i panni del mecenate. A quell'epoca l'elezione all'Académie des Beaux-Arts significava un avvenire assicurato dalle pubbliche committenze. Per avere successo non occorreva avere talento, bastava rispettare le regole, sottomettersi ai principi accademici secondo i quali i soggetti dei dipinti erano tenuti in maggior considerazione della pittura stessa, e avere perseveranza. Chi non sottostava a questa trafila veniva ignorato. Fu proprio a causa del rifiuto da parte dei Salon, e quindi per mancanza di committenze, che gli artisti impressionisti dovettero appoggiarsi a mercanti e speculatori, contribuendo a dar vita a quello che sarebbe divenuto il sistema moderno del libero mercato delle opere d'arte. Gli impressionisti dovettero aspettare a lungo prima che la committenza ufficiale si accorgesse di loro: gli acquisti per il museo del Luxembourg, ricettacolo di quanto era ritenuto rappresentare al meglio la produzione artistica del momento, erano rarissimi.

Chi erano dunque gli acquirenti di queste opere "ribelli", o quantomeno anticonvenzionali? Si trattava in gran parte di appartenenti al medesimo gruppo sociale: la gran parte proveniva dal commercio, dall'attività bancaria e dal mondo dei professionisti. Predominanti fra questi ultimi erano i medici, come Paul Gachet e Georges de Bellio. Murer era una figura particolarmente interessante: aveva iniziato come pasticciere, poi era riuscito ad aprire un ristorante al 95 di boulevard Voltaire. Altri importanti acquirenti dei quadri impressionisti erano il fabbricante di margarina Auguste, il mercante François Depeaux, lo svizzero Oscar Schmitz, Charles Deudon ed Ernest Hoschedé, che aveva fondato uno dei grandi magazzini nella Parigi del Secondo impero. Sorprendente è la schiera dei musicisti che collezionarono dipinti impressionisti: Chabrier, Auber, Désiré Dihau, il soprano Emilie Ambre, che nel 1879 portò con sé in tournée in America *L'esecuzione dell'imperatore Massimiliano* di Manet, esponendolo a New York e a Boston. Ma la figura forse più rappresentativa fu il baritono Jean-Baptiste Faure. Questi, che aveva debuttato all'Opéra di Parigi nel 1861, divenne insegnante di canto di successo e fu autore di alcuni testi di argomento musicale e prolifico compositore. Si interessò agli impressionisti, e nel 1873 comprò un importante gruppo di opere di Manet, per l'alto prezzo di duemila franchi.

1

2

1. Claude Monet,
Il ponte di Waterloo,
1902, Amburgo, Kunsthalle

2. Edouard Manet,
L'esecuzione di Massimiliano,
1868, Mannheim, Kunsthalle

Durand-Ruel nel 1872 versò a Manet millecinquecento franchi per il *Chitarrista spagnolo,* dipinto più di dieci anni prima, e poi lo rivendette a Hoschedé per la stessa somma. Ricompratolo da quest'ultimo, lo rivendette a Faure per soli seicento franchi; infine lo ricomprò di nuovo nel 1890 e lo rivendette un'altra volta al collezionista americano Havermeyer per centomila franchi.

Ma voltiamo pagina, o meglio secolo, per dare un'occhiata al mercato degli impressionisti negli ultimi quindici anni; ossia dal 1975 (anno della ripresa dopo la crisi dei primi anni Settanta) al 1990. Nel 1975 nelle aste di Londra le vendite di opere di artisti impressionisti andarono molto bene. Le più pagate furono, come d'altronde era stato anche un secolo prima, le opere di Renoir, Degas, Manet, Monet, che raggiunsero prezzi allora da record, ma che oggi appaiono risibili. Nel 1978, a New York, venne venduta a 242.000 dollari un'opera tarda (1901) di Monet: *Il ponte di Waterloo* (già venduta in asta a Londra nel 1965 per 55.000 dollari). Nel 1987, all'inizio degli anni del "miracolo" del mercato dell'arte, sfogliando i cataloghi delle aste ci rendiamo conto che se fino a qualche anno prima le valutazioni dei quadri più importanti si erano contenute tra i duecento e i cinquecento milioni di lire, da quel momento qualsiasi opera impressionista costava almeno qualche miliardo.

Manet

CAPITOLO

L'AMBIENTE

SESTO

Il contesto ambientale in cui gli impressionisti si muovono non è certo quello dell'Accademia o di altri luoghi ufficiali. Gli artisti si incontrano piuttosto nei loro atelier e nei luoghi all'aperto. Ma è soprattutto un nuovo tipo di ritrovo a catalizzare l'attenzione degli impressionisti e a divenire luogo per eccellenza delle loro riunioni: il caffè. La Parigi della Belle-Epoque pullula del resto di nuovi locali, che nella bella stagione hanno anche spazi all'aperto. Fra questi emerge il Café Guerbois, ai piedi della collina di Montmartre, frequentato dalla cerchia di Manet, che può essere considerato l'animatore di queste riunioni.

1

In apertura, alle due pagine precedenti: Edouard Manet, Bar alle Folies-Bergère, *1882, Londra, National Gallery*

1. Salone dell'Ecole des Beaux-Arts a Parigi

Con il progressivo allontanarsi degli artisti dagli ambienti accademici ufficiali si ebbe un moltiplicarsi dei luoghi di incontro e di produzione artistica. Uno dei luoghi, il più immediato, dove gli artisti potevano liberamente incontrarsi per discutere e confrontarsi erano gli studi, frequentati anche da intellettuali. Si crearono così dei veri e propri gruppi omogenei, delle piccole scuole come quella nata dal "gruppo di Batignolles", un ristretto circolo di artisti e intellettuali riunitosi all'ombra di Manet, che in questo momento emerge come figura carismatica e guida spirituale, tanto che il gruppo strettosi intorno a lui fu noto anche come "bande à Manet". Di questo circolo abbiamo un ritratto di gruppo compiuto da Fantin-Latour nel 1870: raffigura Manet circondato dagli artisti Renoir, Scholderer, Astruc, Bazille, dallo scrittore Zola e dal musicista Edmond Maître. A questi si aggiunsero Pissarro e pochi altri. Il gruppo, nucleo intransigente che si opponeva all'arte accademica, fu anche indicato dalla critica con il nome di "les japonais", a sottolineare l'influenza determinata dall'arte giapponese su questo ambiente.

Altro atelier frequentato negli stessi anni fu quello di Bazille, in rue de la Condamine. L'artista stesso ci fornisce una testimonianza di quegli incontri con il dipinto *Lo studio dell'artista,* in cui vediamo i componenti della "bande à Manet" riuniti discutere a piccoli gruppi o esercitarsi individualmente.

Oltre che negli atelier, i pittori impressionisti dipingevano "en plein air", prediligendo in città lo scenario della collina di Montmartre, quartiere dove avevano sede molti locali notturni, sale da ballo, caffè e ritrovi frequentati dal popolo.

Ancora luoghi di incontro per gli artisti, con carattere più mondano e socialmente elevato, erano i salotti parigini, e in particolare quello del comandante Lejosne e di sua moglie, parenti di Bazille: salotto frequentato da esponenti influenti nel mondo della cultura, come il fotografo Nadar e il poeta Baudelaire.

Ma più dei salotti e degli studi, il luogo specificatamente preferito dagli artisti e dagli impressionisti era un altro: il

2. Henri Fantin-Latour, Un atelier aux Batignolles, *1870, Parigi, Musée d'Orsay*

2

3

3. Pierre-Auguste Renoir, Bazille al cavalletto, *1867 circa, Parigi, Musée d'Orsay*

4

4. Frédéric Bazille,
Lo studio dell'artista,
1870,
Parigi,
Musée d'Orsay

1

1. *Edgar Degas,* Ritratto di James Tissot, *1867, New York, Metropolitan Museum of Art*

2. *Georges du Maurier,* Taffy â l'échelle, incisione, *1860-1870*

2

3. *Alfred Sisley,* Veduta di Montmartre, *1869, Grenoble, Museo*

3

caffè. Dal tramonto in poi, la quotidianità degli artisti si sviluppava fuori dagli studi, e proseguiva nei caffè e nei locali d'intrattenimento, dove essi trascorrevano generalmente tutta la sera.

È dunque a metà del XIX secolo che gli artisti prendono l'abitudine di frequentare assiduamente ogni sorta di locale in cui sia possibile incontrarsi, scambiare delle idee, avvicinare esponenti del mondo della letteratura, della critica e del giornalismo. A Parigi i caffè diventano le nuove accademie: luoghi di incontro e dibattito, di sfide non solo verbali e nuovo oggetto di rappresentazione pittorica.

Andare al caffè faceva parte dei rituali della vita quotidiana, favoriva le relazioni sociali, ma non le imponeva e la gente poteva scegliere la solitudine o la compagnia. Il caffè forniva inchiostro, penna e fogli per scrivere, tutti i quotidiani (alcuni ne avevano più di cinquanta) e una grande varietà di bevande, dal caffè alla limonata, fino agli aperitivi alla moda. Questi ultimi erano moderatamente alcolici, e incoraggiarono così anche le donne a frequentare quello che fino alla metà del secolo era ritenuto il regno esclusivo degli uomini.

Verso il 1874 i francesi bevevano ogni anno qualcosa come 90.000 ettolitri di assenzio, la "fata verde" che più tardi si scoprì essere un veleno a effetto ritardato, e che contribuì in modo determinante alla morte di van Gogh e Toulouse-Lautrec. Nessuno degli impressionisti o della loro cerchia invece ebbe mai problemi con l'alcol.

Il caffè Jean Goujon, la taverna del Cochon Fidèle, la brasserie Rude, il caffè Génin svolgono la funzione di accademie improvvisate in cui si confrontano e si scontrano le idee più innovatrici in ambito estetico.

Si può affermare che a ogni circolo di artisti corrispondesse allora almeno un locale come punto di ritrovo: al Café Taranne si incontravano Fantin-Latour e altri artisti e intellettuali, fra i quali Flaubert; il Café Fleurus era frequentato invece dagli allievi di Gleyre. Manet frequentava il Café Tortoni, sui Boulevards, ritrovo di intelligenze fin dall'epoca romantica, come pure l'elegante Café de Bade, sulla cui terrazza il pittore si intratteneva tutti i giorni dalle 17.30

4

4. *Frédéric Bazille,*
Monet
dopo l'incidente,
1866,
Parigi,
Musée d'Orsay

1

2

1. *Vincent van Gogh,* Orti a Montmartre, *1887, Amsterdam, Stedelijk Museum*

2. *Edouard Manet, disegno del Café Guerbois, 1869, Cambridge, Fogg Art Museum, Harvard University*

3. *Vincent van Gogh,* "Père" Tanguy, *1887, Parigi, Musée Rodin*

4. *Vincent van Gogh,* Esterno di caffè di notte, *1888, Otterlo, Rijksmuseum Kröller-Müller*

3

in poi, fino al 1866. Fece poi parte del cenacolo di habitué della Brasserie des Martyrs, dove si incontravano Edmond Duranty, giovane scrittore che nel 1856 aveva fondato la rivista "Réalisme", il critico Castagnary, il poeta Théodore de Baville, il fotografo Nadar, il giovane Gambetta, Charles Baudelaire, gli emuli di Gustave Courbet.

Tra tutti questi luoghi di discussione, un ruolo particolare è svolto dalla brasserie des Martyrs. Gustave Kahn, che ne è uno dei pilastri, la descrive come «il posto più variopinto del mondo. Vi si mescolano giornalisti, musicisti, poeti, attori, autori teatrali, ragazze, teatranti; è un avamposto di Montmartre nel cuore di Parigi, una tappa tra i boulevard e la Butte. [...] Ci sono delle sale grandi per chiacchierare, delle altre più piccole per scrivere. Non ha una terrazza ma un'ampia veranda a vetri da dove si può assistere allo spettacolo della vita su rue des Martyrs». La sera vi si accalcano mercanti di quadri, cronisti, scrittori; in realtà è, come scrivono i Goncourt con disprezzo, «una caverna di tutti i grand'uomini senza nome, di tutti i bohèmien del piccolo giornalismo, di un mondo di impotenti e disgraziati tutti presi a rubarsi reciprocamente un nuovo scudo o una vecchia idea».

La birreria d'atmosfera murgeriana è destinata a essere ben presto soppiantata da un altro caffè.

Se si dovesse dire con esattezza dove nacque l'impressionismo, la scelta cadrebbe certamente sul Café Guerbois, al n. 11 della grande rue des Batignolles, poi trasformata in boulevard da Clichy. Negli anni Settanta Manet vi si recava quasi ogni giorno verso le sei del pomeriggio, e lì aveva costituito un circolo di amici pittori e critici. Fra i più assidui vi era Zacharie Astruc, critico pittore e scultore, che aveva salutato Manet come «una delle più grandi personalità del suo tempo», e che avrebbe sostenuto con la sua penna le battaglie degli impressionisti.

Manet aveva trasformato il locale, situato a due passi dal suo studio, proprio di fronte al suo fornitore di colori, in un vero e proprio quartier generale. Fra i frequentatori vi erano regolarmente Whistler, Fantin-Latour, Duranty, Zola, Constantin Guys, Duret, Bazille con

1

2

1. *Edouard Manet,* Ritratto di Zacharie Astruc, *1864, Brema, Kunsthalle*

2. *Vincent van Gogh,* Boulevard de Clichy, *1887, Amsterdam, Rijksmuseum Vincent van Gogh*

3. *Edouard Manet,* Ritratto di Théodore Duret, *1868, Parigi, Musée des Beaux-Arts de la ville de Paris*

il comandante Lejosne, e più tardi Edgar Degas, Claude Monet, Pissarro, talvolta anche Sisley e Cézanne.

Gli incontri avvenivano sempre il giovedì, la "nuit par excellence" del gruppo, per discutere le idee comuni e le opere dei contemporanei. Monet, che allora viveva generalmente fuori Parigi, come Cézanne e Pissarro, vi andava quando poteva e così ne riferisce: «Niente di più interessante che quelle frequenti e lunghissime discussioni e di quei contrasti di opinione sempre animati. Tenevano vivo il nostro spirito e ci davano una carica di entusiasmo che ci sosteneva per settimane finché non davamo finalmente espressione alle idee nate là. Tornavamo da quelle serate con una maggiore convinzione, con idee più chiare e definite».

Un altro habitué del Café Guerbois era il critico, romanziere e giornalista Armande Silvestre (1837-1901), che nel suo autobiografico *Au pays du souvenir* (1892) dedica un intero capitolo alla descrizione del locale e dei suoi frequentatori.

Manet fa i suoi ingressi teatrali al Guerbois sparando a zero contro gli habitué, che apostrofa come «bastardi ben vestiti come notai»: accentuando un movimento d'anca molto plebeo si aggiusta i pantaloni sistemandosi la cintura rossa da manovale. È lui l'anima delle riunioni: il suo ruolo è quello del maestro di cerimonia, ma non è né un caposcuola, né un ideologo. L'autore del *Déjeuner sur l'herbe* è un dandy raffinato, un esteta che può rivelarsi un pericoloso polemista.

Con questi "agents provocateurs" non sorprende che talvolta gli animi si scaldassero. Antonin Proust racconta che il 23 febbraio 1870 una discussione tra Manet e Duranty si concluse con un duello nel bosco di Saint-Germain, con Zola nel ruolo di padrino di Manet. Il duello fu condotto con grande energia, ma in modo così maldestro che nessuno rimase ferito, e i due rivali furono visti insieme amichevolmente quella stessa sera al Guerbois. Dispute solo verbali, ma non per questo meno violente, si accendevano spesso anche tra Manet e Degas, i quali arrivavano al punto di restituirsi i dipinti che si erano in precedenza regalati.

3

1

1. *Vincent van Gogh,* Donna al caffè du Tambourin, *1887, Amsterdam, Rijksmuseum Vincent van Gogh*

2

2. *Vincent van Gogh,* L'italiana (Agostina Segatori?), *1887, Parigi, Musée d'Orsay*

3. *Pierre-Auguste Renoir,* La locanda di Mère Anthony, *1866, Stoccolma, National Museum*

Altro frequentatore era Emile Zola, che allora si stava rapidamente affermando nelle pagine del giornale "L'Evénement" come il difensore delle dottrine e delle idee che circolavano attorno al Café Guerbois, e che aveva appena pubblicato il suo primo romanzo "realista", *Thérèse Raquin*.

Nel suo romanzo *L'Oeuvre*, Zola descrive un localetto frequentato da artisti: «Il caffè Baudequin si trovava sul boulevard des Batignolles, all'angolo di rue Darcet. Senza sapere il perché, la banda l'aveva scelto come luogo di riunione, benché solo Gagnière abitasse in quel quartiere. La comitiva si riuniva regolarmente la domenica sera, poi il giovedì verso le cinque quelli che erano liberi da impegni avevano l'abitudine di farci una capatina». Si tratta di nient'altro che un piccolo affresco del Café Guerbois.

Prima della guerra franco-prussiana del 1870 il Café Guerbois, che ha un ruolo fondamentale nell'avventura impressionista, viene a sua volta abbandonato per la Nouvelle Athènes, in place Pigalle, presso il circo Fernando. Qui, dalla terrazza, chiusa d'inverno, si potevano osservare i passanti mentre le discussioni fervevano e il gruppo di intellettuali ingrossava le sue fila. Tra gli ultimi arrivati vi era un giovane e ricco irlandese, George Moore, installatosi a Parigi con l'idea di iscriversi all'Ecole des Beaux-Arts, ma troppo indaffarato a seguire le discussioni degli artisti e a tirar tardi la notte per poter frequentare le lezioni al mattino.

È questo il luogo che George Moore decanta con trasporto nelle sue memorie, facendone il ritrovo degli intellettuali parigini. Manet vi regna ancora da sovrano, ma deve far fronte a un concorrente di pari livello, Degas. È lì che Manet ritrae Moore nel 1879 mentre sogna sulla sedia; è lì che immagina l'*Homme qui rit*, un sorridente giornalista che sospende un gesto per guardare verso lo spettatore.

Sul lato opposto di place Pigalle, un caffè aperto nel 1870, il Rat Mort, è forse il luogo di transizione tra una generazione e la successiva. A partire dal 1872 ospita Manet e Degas; lo frequentano anche Paul Verlaine e Arthur Rimbaud, facendone anche qualcuna delle

3

loro, come quando l'autore di *Una stagione all'inferno* vi accoltella Verlaine sotto gli occhi di Charles Cros.

L'avanguardia del Rat Mort conta Nadar, Vallès, Cabaner, François Coppée. Lo chansonnier Aristide Bruant vi sciorina il suo repertorio sarcastico. Ben presto vi si installa il microcosmo del mondo politico, contemporaneamente al diffondersi della comunità lesbica.

Il locale, già anodino, viene decorato nel 1886 con pitture murali che raccontano il tragico destino di un topo (il "Rat" che dà il nome del caffè). I menù sono anch'essi decorati con le gesta del topo da artisti come Willette.

Il Tambourin, in boulevard de Clichy, viene invece inaugurato nel 1855 e avrà un destino eccezionale. La sua proprietaria e modella, un'avvenente italiana che ha nome Agostina Segatori, decide di allestirvi una mostra. Riesce a riunire quadri e disegni di Gérôme, François Clairin, Février, Dupray, Pille e altri ancora. La caratteristica del locale è di essere decorato da una moltitudine di tamburi. Van Gogh, che abita nella vicina rue Lepic, ama trattenersi in questo caffè, tanto più che è invaghito della padrona. Nel 1886 organizza nel locale una mostra cui partecipano Emile Bernard, Anquetin, Toulouse-Lautrec.

Nei suoi *Ricordi di un mercante di quadri* Ambroise Vollard racconta di come per poco abbia mancato l'incontro con van Gogh, che aveva appena appeso al muro una tela con dei girasoli. Se questo incontro avesse avuto luogo, il destino del primo come quello del secondo sarebbero potuti essere completamente diversi.

All'epoca, le scene di caffè diventano un genere a sé. Nel 1869 Manet firma un disegno raffigurante il Café Guerbois; nel 1873 presenta al Salon *Le bon bock* (Il buon boccale), con il proprietario Emile Bellot seduto al tavolino.

Nel 1877 Degas completa un pastello, *Donne davanti a un caffè*, che presenta alla terza esposizione degli Indépendants. Lo stesso anno, Manet realizza uno schizzo che sfocia in un pastello terminato nel 1881: *Un café en place du Théâtre Français*. La somiglianza dei soggetti è impressionante:

1

1. Edouard Manet, La prugna, *1876-1878, Washington, National Gallery of Art*

2

2. Edouard Manet, Le bon bock, *1873, Filadelfia, Museum of Art*

3

3. Edouard Manet, Un café en Place du Théatre Français, *1881, Glasgow, Burrel Collection*

4

4. Edouard Manet,
Chez le Père Lathuille,
1879,
Tournai,
Musée des Beaux-Arts

1

1. *Edouard Manet,*
Al Café-concert,
1878,
Baltimora,
Walters Art Gallery

2

2. *Edouard Manet,*
Cameriera con boccali in una birreria,
1877-1879,
Londra,
National Gallery

3

3. *Edouard Manet,*
Bevitrici di birra,
1878,
Glasgow,
Art Galleries and Museum

4

4. *Edgar Degas,*
Donne al Café-Terrasse, sera *(part.),*
1877,
Parigi,
Musée d'Orsay

si tratta di giovani donne che passano il tempo sedute a un tavolino.

Manet è ansioso di rendere omaggio ai luoghi deputati della vita notturna, veri compendi dell'estetica del tempo. Riprende l'idea di un interno di caffè in una composizione a mina di piombo degli inizi degli anni Settanta e in un disegno del 1874. Termina *Caffè concerto* nel 1878, opera in cui le due figure principali voltano le spalle alla cantante in secondo piano, mentre una cameriera beve da un boccale, con una mano poggiata sul fianco.

L'artista sperimenta un soggetto analogo un anno dopo con *Angolo di caffè concerto*, opera in cui la competizione con Degas è evidente. Dallo stesso soggetto trae un'altra tela, *La cameriera con i boccali*, che conserva solo l'uomo che fuma la pipa, affascinato dalle evoluzioni della ballerina di cui si vedono soltanto il vestito e le braccia nude. È possibile che la composizione di Manet sia nata con dimensioni maggiori, e che il pittore abbia tolto un gruppo di persone che si trovava all'altro lato del tavolo del fumatore per ottenere una nuova tela, *Al caffè*. Alla fine della sua vita torna un'ultima volta su questo tema a lui caro in *Bar alle Folies-Bergère*, del 1882.

IL CAFFÈ DELLA NOUVELLE ATHENES

Oltre al Guerbois, un altro locale fondamentale per la storia dell'impressionismo, stavolta in place Pigalle, è il caffè della Nouvelle Athènes, che esce improvvisamente dal suo torpore tutto provinciale per trasformarsi, secondo la definizione di Diego Martelli, «in agorà dell'arte moderna». Poco dopo la repressione della Comune di Parigi, il piccolo gruppo di Manet si ricostituisce. Frédéric Bazille manca all'appello, caduto nei combattimenti per la difesa della Francia dai prussiani. Monet, Pissarro, Sisley si fanno vedere raramente. Renoir è l'unico del primitivo gruppo impressionista a recarvisi regolarmente. Cézanne ci passa di frequente, vestito come capita: «Camice blu, la giacca di tela bianca tutta ricoperta di pennellate, un vecchio cappello sformato», racconta Duranty. Degas invece frequenta sempre meno il circolo di Manet; ormai ha il suo club, dove si ritrova con i discepoli italiani: Diego Martelli, Federico Zandomeneghi e Giuseppe De Nittis, insieme all'inseparabile Jean-Louis Forain. Gustave Caillebotte depreca questa separazione e scrive a Pissarro: «Degas ha portato la disgregazione tra noi. È un peccato che abbia un così cattivo carattere. Passa il tempo a disquisire o in giro. Credo che farebbe meglio a dipingere». Stéphane Mallarmé e Villiers de L'Isle-Adam vi tengono monologhi interminabili. Catulle Mendès (che fa la sua apparizione tra mezzanotte e l'una), Paul Alexis e Jean Richepin rappresentano la corte dei poeti e dei romanzieri. Ma la figura più caratteristica fra questi letterati è senza alcun dubbio George Moore: uno scrittore irlandese, parigino di adozione, entrato in questo caffè come se fosse il santuario della modernità, come egli stesso fa notare nelle *Confessioni di un giovane inglese*: «Non sono andato né a Oxford né a Cambridge, ma sono andato alla Nouvelle Athènes. Cos'è la Nouvelle Athènes? In effetti chi desidera capire qualcosa della mia vita deve pur sapere qualcosa dell'Accademia di belle arti: ma non la stupida istituzione ufficiale di cui si parla sui giornali, bensì la vera Accademia francese. La Nouvelle Athènes è un caffè di place Pigalle e – benché misconosciuto, o sconosciuto – la sua influenza è radicata nel pensiero artistico del XX secolo». E quando Moore insiste con Mallarmé nel 1879 affinché Manet faccia il suo ritratto, quest'ultimo schizza Moore con i gomiti su un tavolino del loro caffè preferito, lo sguardo nel vuoto. Il ritratto è seguito da un altro dipinto, più tradizionale, ma che fa somigliare il volto dello scrittore a un tuorlo schiacciato. Verso il 1880 il caffè cambia un po' fisionomia. Gli artisti di Montmartre sostituiscono poco a poco i vecchi "indépendants", come ricorda il pittore e vignettista Adolphe Willette: «All'ora dell'aperitivo, alle undici, il caffè ha una certa animazione; vi si ritrovano gli artisti, gli scrittori, i giornalisti da quattro soldi del paese "montmartrois"». La morte di Manet, nel 1882, segna la fine di quell'età dell'oro. In ogni caso, un'epoca nuova ha inizio: fiorisce la Belle-Epoque.

1

2

3

1. Il Caffè la Nouvelle-Athènes a Montmartre, 1906

2. Edouard Manet, George Moore, *1879, New York, Metropolitan Museum of Art*

3. Il Café Tortoni, 1889, illustrazione per "Harper's Magazine", Bibliothèque Nationale, Parigi

manet

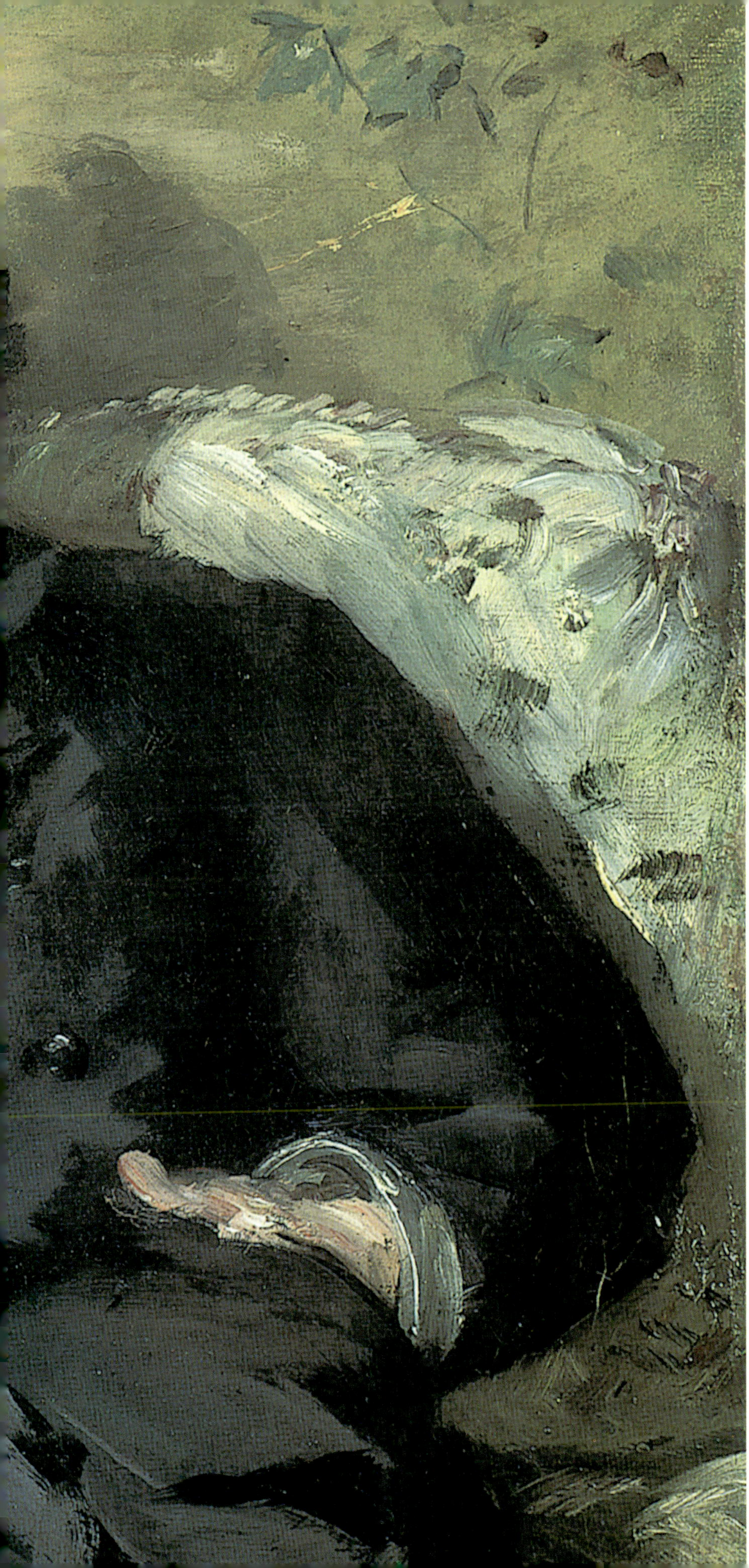

CAPITOLO

I PERSONAGGI

SETTIMO

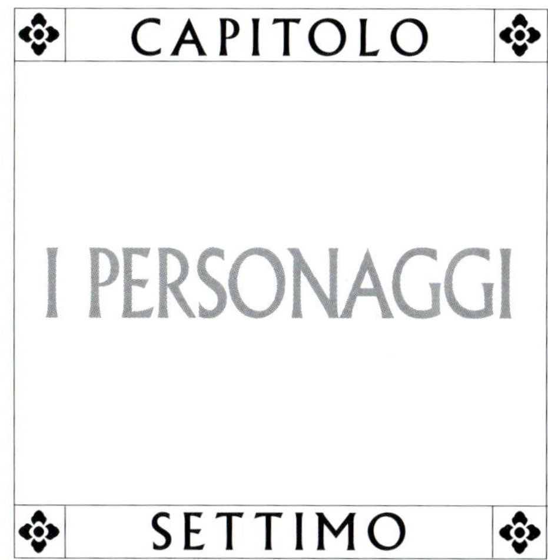

Oltre ai pittori, naturalmente protagonisti privilegiati, il contesto dell'impressionismo è dato da numerose personalità del tempo, celebri e meno celebri. Fra i primi si possono ricordare lo scrittore Zola, fervente sostenitore del gruppo, Mallarmé e Baudelaire, ossia i protagonisti della letteratura francese della seconda metà del secolo. Fondamentale è anche il ruolo del mercante Durand-Ruel, cui gli impressionisti devono molto. Ma anche fra i personaggi meno celebri vi furono figure di prezioso sostegno, morale e materiale: medici, uomini d'affari, imprenditori.

In apertura, alle due pagine precedenti: Edouard Manet, Ritratto di Stéphane Mallarmé, *1876, Parigi, Musée d'Orsay*

1. Edgar Degas, Amici del pittore dietro le quinte, *1879, Parigi, Musée d'Orsay*

2. Pierre-Auguste Renoir, Ritratto di Madame Charpentier (part.), *1878, New York, Metropolitan Museum of Art*

1

2

3. Paul Cézanne, Una moderna Olympia (part.), *1872-1873, Parigi, Musée d'Orsay*

4. Pierre-Auguste Renoir, Ritratto di Jeanne Samary, *1877, Mosca, Museo Pushkin*

3

La Parigi degli impressionisti non era certamente solo una città di piacere, un centro di licenziosità. La grande umiliazione della guerra e le sue conseguenze avevano accresciuto l'orgoglio nazionale, e la volontà di far rivivere la passata grandezza della nazione nelle diverse forme. Fra il 1870 ed il 1900 il reddito nazionale raddoppiò, e uno dei meno ovvi fra gli effetti prodotti fu che l'acquisto di opere d'arte interessò una fetta molto più larga di popolazione. Fra gli acquirenti degli impressionisti solo pochi, come il principe di Wagram e i Bibesco, erano aristocratici. Gachet e De Bellio erano medici, Faure e Chabrier musicisti, Chocquet era un funzionario, Murer pasticciere e proprietario di un caffè, Charpentier editore, Hoschedé proprietario di un grande magazzino, e l'abate Gaugain prete e insegnante. Tra questi personaggi uno dei più interessanti fu Georges Charpentier, che aveva ereditato dal padre Gervais, oltre alla casa editrice, anche il gusto per la pittura. Georges Charpentier fu l'editore di Daudet, Flaubert, Zola, Maupassant e dei fratelli Goncourt. La moglie, Marguerite Lemonnier, tenne i più ben frequentati salotti parigini nelle sue case di place Saint-Germain-l'Auxerrois e rue Grenelle, che furono il punto d'incontro di scrittori e pittori impressionisti. Gli Charpentier furono in particolare sostenitori di Renoir: in uno dei loro salotti egli ritrasse *Madame Charpentier e i figli*, uno dei suoi quadri più apprezzati.

Ernest Hoschedé (1838-1890), direttore di uno di quei grandi magazzini sorti a Parigi durante il Secondo impero, fu invece il più grande sostenitore di Manet, e condivise con lui gran parte delle sue sventure, tanto che dopo il fallimento si trasferì nell'abitazione di Manet a Vétheuil con moglie e figli, quindi a Giverny. Fra i sostenitori degli impressionisti ebbe un ruolo di primo piano il medico omeopata, psichiatra, pittore, incisore, darwiniano e socialista convinto Paul Gachet (1828-1909). Questi mise insieme una delle più cospicue collezioni di quadri di impressionisti e di contemporanei, come van Gogh, che aiutò anche sul piano medico e umano.

Gachet era nato nel villaggio di Ryssel, vicino a Lille, e per tutta la vita firmò i suoi lavori come «Paul van Ryssel». Da

Renoir .77.

1

1. *Edgar Degas,* Henri Rouart davanti al suo stabilimento, *1875 circa, Pittsburgh, Carnegie Museum of Art*

2. *Paul Cézanne,* Ritratto di Guillaumin, *acquaforte, 1873, Rotterdam, Boymans-van Beuningen Museum*

3. *Pierre-Auguste Renoir,* Ritratto di Eugène Murer, *1877 circa, Filadelfia, Museum of Art*

4. *Paul Cézanne,* Ritratto di Victor Chocquet, *1877 circa, Columbus, Ohio, Columbus Museum of Art*

2

3

studente, a Parigi, aveva frequentato la Brasserie des Martyrs. Aveva terminato gli studi di medicina a Montpellier per tornare poi ad esercitare la professione a Parigi, dove diventò membro del circolo del Café Guerbois, stringendo amicizia con Guillaumin e con Pissarro, la cui madre fu sua paziente nel 1865.

Prestato servizio come Maggiore medico nella Guardia nazionale durante la guerra, comprò una bella casa a Auvers sulle rive dell'Oise, dove trascorreva quattro giorni la settimana con la moglie malata e i due figli, passando gli altri tre giorni al lavoro a Parigi. Cézanne fu spesso suo ospite, e imparò da lui i primi rudimenti dell'acquaforte, incidendo lavori di Guillaumin, Pissarro – anche lui ospite frequente – e dello stesso Gachet. La moglie raccoglieva mazzi di fiori perché Cézanne li dipingesse, e spesso il dottore insisteva perché egli smettesse di lavorare a un quadro una volta che l'aveva concluso.

Gachet aiutò economicamente anche Monet alla fine degli anni Settanta, quando sua moglie stava per avere un altro bambino, talvolta ricevendo in cambio dei quadri. Oltre ad acquistare le opere di quasi tutti gli artisti del gruppo, era anche chiamato frequentemente per consigli medici da Manet, Renoir e Pissarro, per i quali praticamente era il medico di famiglia.

Un amico di Gachet che rivestì un ruolo importante (anche se talvolta ambiguo) nel sostenere gli impressionisti fu Eugène Murer (1845-1906). Già compagno di scuola di Guillaumin, attraverso di lui era entrato in contatto con Pissarro e Renoir, al quale chiese di decorare la "patisserie-restaurant" ben avviata che gestiva al n. 95 di boulevard Voltaire. Alcuni dei primi quadri che acquistò furono pagati in pasti. Ben presto il mercoledì cominciò a organizzare nel suo locale delle cene, a cui partecipavano Renoir, Sisley, Pissarro, Cézanne, il dottor Gachet ed Ernest Hoschedé. Nel 1877 Murer commissionò a Renoir un ritratto, e alla fine dello stesso anno aiutò Pissarro e Sisley, esponendo alcuni loro dipinti nel suo ristorante. Organizzò inoltre una lotteria tra i suoi clienti, vendendo i biglietti a un franco e mettendo in palio un quadro di Pissarro. Più o meno nello stesso periodo acquistò quattro

1

1. Mostra allestita da Durand-Ruel nella Galleria Grafton di Londra, 1905

2

2. Lo scienziato Michel-Eugène Chevreul fotografato da Nadar all'età di cento anni, da "Le Journal illustré", 1886, Parigi, Bibliothèque Nationale

3. Tavola dei colori di Chevreul, Parigi, Bibliothèque Historique de la Ville de Paris

4. Nadar, Autoritratto sul pallone

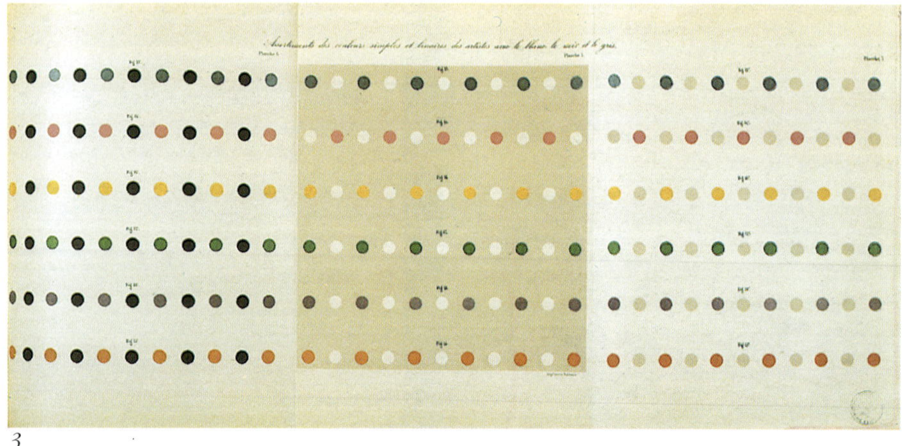

3

lavori a Monet, e altri qualche tempo dopo, scegliendoli lui stesso, della qual cosa Monet non fu molto soddisfatto. Alla fine la sua collezione contava otto Cézanne, quindici Renoir, venticinque Pissarro, dieci Monet, ventotto Sisley, ventidue Guillaumin e due opere del dottor Gachet.

Anche Victor Chocquet, come Gachet e Murer, poteva definirsi benestante ma non certo ricco. Semplice funzionario di dogana, verso i quarant'anni aveva beneficiato di un'eredità, che gli permise di coltivare la passione per il collezionismo. Zola si ispirò a lui per il personaggio di Monsieur Hue nell'*Oeuvre*, un capufficio in pensione che acquistava i quadri più scandalosi di un pittore dietro cui si nascondeva Cézanne. Chocquet aveva cominciato collezionando opere di Delacroix, Daumier e Corot, ma nel 1875 rimase particolarmente colpito dalle opere degli impressionisti a un'asta pubblica, e commissionò a Renoir il suo ritratto. Un altro ritratto fu commissionato a Cézanne, al quale Renoir lo aveva introdotto. In seguito acquistò e commissionò altre opere degli impressionisti, fra cui Monet, Manet, Pissarro e Sisley. Certamente gli acquisti di Chocquet giunsero nel momento più opportuno, ma il suo aiuto non si limitò al fatto puramente economico: Chocquet fu infatti un loro accanito sostenitore.

In questo clima culturalmente effervescente la pittura diviene un mezzo di investimento, ma soprattutto un segno di distinzione sociale e di adesione intellettuale. Come affermava nel 1893 lo scrittore Georges de Sonneville: «Ogni famiglia ricca è obbligata ad avere una collezione di quadri e ciò per due pressanti motivi: in primo luogo perché i ricchi amano il lusso e poi perché il possesso di ricchezze implica dei doveri». Per soddisfare questa richiesta, nella sola Parigi del 1874 c'erano 112 mercanti di quadri, fra i quali spiccava Paul Durand-Ruel (v. pag. 91).

Gli impressionisti scoprirono che le ombre sono colorate, che riflettono ciò che è intorno, che i colori in natura non sono allo stato puro, ma sono influenzati dal contesto cromatico, che la luce non è statica, ma mutevole e tremolante e che questo effetto può essere raggiun-

1

2

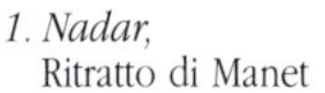

1. *Nadar,*
Ritratto di Manet

2. *Nadar,*
Nudo,
1856-1858

3

3. *Etienne Carjat,*
Charles Baudelaire,
dalla Galerie Contemporaine,
1878,
Rochester, International Museum of Photography at George Eastman House

4. *Nadar,*
Ritratto di Sarah Bernhardt,
Parigi, Bibliothèque Nationale

to in pittura usando rapide pennellate sparse ed espedienti simili. A favorire questo trionfo della soggettività, per quanto graduale e faticoso, contribuirono la più oggettiva delle discipline, la scienza, e il suo strumento, la tecnologia. L'interesse dell'uomo nel controllo dei fenomeni che lo circondano, attraverso l'osservazione, l'analisi e la classificazione, raggiunse una nuova intensità nel XIX secolo.

Tipico rappresentante di questi nuovi interessi fu Michel-Eugène Chevreul (1786-1889): a ventisette anni era maestro di tintura presso la manifattura di arazzi Gobelins. Chimico industriale e scienziato, diventò direttore del Musée d'Histoire Naturelle e della stessa manifattura Gobelins. Nel 1839 pubblicò *De la loi du contraste des couleurs et de l'assortiment des objects colorés* (Sulla legge del contrasto dei colori e dell'accostamento di oggetti colorati), in cui illustrava la teoria della scomposizione della luce attraverso il prisma, osservando che «il contrasto dei colori racchiude i fenomeni di modificazione che gli oggetti diversamente colorati sembrerebbero subire nella composizione fisica, e la scala dei loro rispettivi colori quando si vedono simultaneamente». Fece seguito a questo saggio il trattato del 1864: *Des couleurs et de leur application aux arts industriels à l'aide des cercles chromatiques* (Sui colori e sulla loro applicazione alle arti industriali con l'aiuto di cerchi cromatici). Chevreul divide i colori in primari e secondari. I primari sono il blu, il giallo e il rosso, che uniti fra loro danno il bianco. I secondari nascono invece dalla combinazione fra primari o fra primari e secondari: così secondario è il viola, che nasce dalla combinazione del blu con il rosso; o il verde, dal giallo con il blu. Tali considerazioni offrirono importanti suggerimenti alla tecnica adottata dagli impressionisti, che utilizzavano tutti i colori puri senza mescolarli (non più dunque i grigi e le terre), facendo sì che tali colori dati con piccole pennellate "a virgola" si combinassero poi nell'occhio dell'osservatore. Non era inoltre più utilizzato il nero (oppositore di ciò fu in particolare Manet), dal momento che le forme si dovevano distinguere l'una dall'altra non attraverso il contorno scuro, ma per mezzo dell'ac-

32
Bernhardt

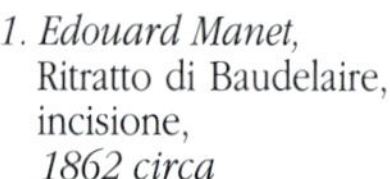

1

2

1. *Edouard Manet,*
Ritratto di Baudelaire,
incisione,
1862 circa

2. *Edouard Manet,*
Ritratto di Charles
Baudelaire,
acquaforte,
1868,
Stoccolma,
Nationalmuseum

3. *Jacques-Emile*
Blanche,
Ritratto di Claude
Debussy,
1902

4. *Edouard Manet,*
Il bevitore di assenzio,
1858-1859,
Copenaghen,
Ny Carlsberg Glyptotek

3

costamento di colori complementari. Tali principi, applicati da Monet e dai suoi compagni in maniera piuttosto empirica, e non senza contraddizioni, diventarono invece la base teorica del cosiddetto "impressionismo scientifico" di Seurat e Signac. Nel 1899 Chevreul compì cento anni; per l'occasione, fu realizzata una "intervista fotografica" in 27 fotogrammi da un'allora emergente personalità: il fotografo Nadar.

Nadar, pseudonimo di Gaspard-Félix Tournachon, fu una delle figure più significative in una Parigi che non ne era certo carente. Nacque a Parigi nel 1820 da una famiglia di editori e tipografi lionesi. Un forte dissesto economico in cui era incorso il padre costrinse la famiglia a fare ritorno a Lione, dove Gaspard-Félix si iscrisse ai corsi di medicina. Interruppe però presto gli studi per la morte del genitore, e iniziò a collaborare con alcuni giornali locali. Tornato a Parigi, si introdusse negli ambienti "bohémiens" intellettuali, e collaborò a riviste e giornali parigini, pubblicando articoli, racconti e caricature. Iniziò la sua carriera di artista lavorando per "Le Charivari", e fondò lui stesso una propria rivista satirica, "Le Rire", nel 1840, e la "Revue comique". Ma ben presto scoprì la macchina fotografica, ed è proprio come fotografo che è entrato nella storia: con l'aiuto di aerostati e dell'illuminazione elettrica realizzò immagini straordinarie. Sposatosi, nel 1853 aprì uno studio fotografico che fu assiduamente frequentato da personaggi illustri, pittori e letterati, che Nadar conosceva e frequentava: fra questi vi furono Sarah Bernhardt, Baudelaire, Champfleury, Courbet, Daubigny, Delacroix, Manet, Millet, per citarne solo alcuni. Nadar realizzò soprattutto ritratti, cercando di cogliere, attraverso la posa, il gesto e l'incidenza della luce, i caratteri dell'"uomo da riprendere". La sua insaziabile curiosità lo portò a sperimentare anche la fotografia a luce artificiale nelle fogne e nelle catacombe della città. Amico di Manet e di Degas, attraverso i quali entrò a far parte del circolo del Café Guerbois, nel 1874 ospitò nel suo studio, al numero 35 del boulevard des Capucines, la prima mostra impressionista. Per tutta la sua lunga vita – morì nel 1910 – si interessò di arte. Fu anche colle-

4

1. *Edouard Manet,* Il corvo alla finestra, *1875, litografia, Londra, British Museum*

2. *Stéphane Mallarmé e la sua amante Méry Laurent in una fotografia del 1876 circa*

1

2

3. *Méry Laurent, amante di Manet prima e di Mallarmé poi, con i due artisti nel 1872*

3

zionista: possedeva numerose opere di Constantin Guys e di Daumier.

Uno dei più popolari fra i ritrovi degli impressionisti, la Brasserie des Martyrs, era frequentato da numerosi scrittori e poeti, tra cui Edmond Duranty, Champfleury, il critico Castagnary e Charles Baudelaire. Quest'ultimo soprattutto esercitava un fascino indiscusso sui giovani artisti. Il trasgressivo autore dei *Fiori del male* aveva ispirato a Manet il primo quadro sottoposto alla giuria del Salon del 1858, *Il bevitore di assenzio.* Il soggetto, ritratto in modo estremamente realista anche se con qualche concessione alla "scuola" (soprattutto per le tonalità bituminose) fu rifiutato dalla giuria. «Ho osservato che la maggioranza degli artisti che hanno condannato i soggetti moderni si sono accontentati di soggetti pubblici e ufficiali [...]. Ci sono invece dei soggetti privati che sono molto più eroici di quelli pubblici [...]. La vita della nostra città è ricca di spunti poetici e meravigliosi: ne siamo avvolti, vi siamo immersi, come in una meravigliosa atmosfera, ma non ce ne accorgiamo [...]». Queste parole, tratte dall'articolo di Charles Baudelaire sul Salon del 1846, sembrano quasi aver offerto un suggerimento all'arte francese, dal *Déjeuner sur l'herbe* di Manet (1863) in poi. Manet e Baudelaire – già amico del grande Courbet – si conobbero a casa del comandante Lejosne all'indomani del processo per offesa alla moralità pubblica intentato contro il poeta, che nel 1857 aveva pubblicato *I fiori del male.* Manet eseguì il ritratto del poeta in un'acquaforte, rifacendosi a una foto di Nadar (Parigi, Bibliotèque Nationale), e fra i due nacque una profonda intesa. Poco prima dell'incontro, Baudelaire aveva pubblicato il saggio *Le peintre de la vie moderne,* dove delineava i caratteri dell'artista dandy e l'atmosfera in cui amava calarsi, la stessa che Manet rappresentò in *La musica alle Tuileries* (1862) (v. pag. 85), dove nel brulichio della folla è ritratto pure lo scrittore. Nello stesso anno, Baudelaire compose alcuni versi «per servire da didascalia a uno stupendo ritratto di Lola, ballerina spagnola», la *Lola de Valence* di Manet (1862). Nel 1867 Baudelaire morì, ma già un altro scrittore di grandi promesse si era mosso in difesa di Manet e dei suoi seguaci: Emile Zola, alla cui vo-

4

4. Degas, in piedi a destra, guarda verso Geneviève Halévy Straus, ex moglie del musicista Georges Bizet

1

1. *Renoir e Mallarmé, 1895*

2

2. *Edouard Degas,* L'orchestra dell'Opéra, *1868-1869, Parigi, Musée d'Orsay*

ce si sarebbero aggiunte anche altre del calibro di Huysmans, Mallarmé e Valéry.

Quando si parla di impressionismo musicale – «un impressionismo costituito da macchie sonore» (Lockspeier) – non si può fare a meno di pensare al compositore del *Prélude à l'après-midi d'un faune* (1892). Claude Debussy, impressionista o simbolista? È questo il tema di un acceso quanto annoso dibattito, che si dipana intorno al musicista francese, la cui soluzione è stata di recente dirottata dalla critica in favore del simbolismo. Superando la magniloquenza di stampo wagneriano che pure era in voga, e derogando dai dettami accademici, nelle sue prime opere fino a *Pelléas et Mélisande* (1902), Debussy – amico di artisti e letterati come Mallarmé – seppe esprimere il clima intellettualmente raffinato e decadente della Parigi del Secondo impero, che ebbe come nume tutelare Baudelaire. La musica dei *Nocturnes*, di *La mer*, dei *Préludes*, in suoni liberi da ogni schema predefinito evoca sensazioni, immagini, colori, suoni e movimenti evanescenti, colti in istanti fuggevoli. Anticipazioni di tale poetica musicale vi erano state – oltre che da parte di Liszt nelle sue ultime composizioni – in Emanuel Chabrier, amico di Manet, definito "impressionista" da Renoir e ritratto da Degas in *L'orchestra dell'Opéra* (1868). Degas era molto vicino a musicisti e compositori dell'Opéra, dove fu introdotto dall'amico – e alto funzionario statale – Ludovic Halévy, autore del libretto della *Carmen* di Bizet e di altri per le musiche di Offenbach. Degas aveva conosciuto Bizet quando entrambi studiavano a Roma. Jacques Offenbach (1819-1880), insieme alla moglie, è ritratto da Manet in *Musica alle Tuileries* (1862). Il musicista Edmond Maître, ritratto nel 1870 da Fantin-Latour in *Un atelier aux Batignolles* e da Bazille in *Lo studio dell'artista*, comunicò agli amici Bazille e Renoir la sua passione per Wagner. Nel 1882 Renoir, a conclusione del suo viaggio in Italia, fece infatti visita al maestro a Palermo a villa Gangi, e ne iniziò il ritratto solo abbozzandolo per il poco tempo che il compositore gli concesse. L'unico tema della conversazione fu la cattiva influenza degli ebrei sulla musica.

LO SCRITTORE: ZOLA

Emile Zola nacque a Parigi nel 1840 da padre italiano, un ingegnere di successo morto prematuramente nel 1847, e si trasferì con la famiglia per qualche tempo ad Aix-en-Provence, dove frequentò un corso di disegno insieme a Paul Cézanne. Tornato a Parigi, e trovato un impiego presso la casa editrice Hachette dove lavorò dal 1862 al 1866, grazie a Cézanne e ad Antoine Guillemet fu introdotto nel circolo del Café Guerbois, che frequentò regolarmente. Nel 1866 pubblicò in più puntate su "L'Evénement" – il giornale di sinistra a cui collaborava – un'aspra recensione al Salon di quell'anno in difesa di Manet, i cui quadri erano stati rifiutati. L'avvicinamento di Zola alla causa impressionista fu dovuto più a una simpatia emotiva per le nuove idee che a una vera comprensione della loro pittura, come testimonia la successiva rottura con gli artisti e l'appassionata e pericolosa avventura del caso Dreyfus. Zola scrisse anche un libretto che andò ad accompagnare la personale di Manet del 1867, e l'anno seguente il pittore in segno di gratitudine gli fece un famoso ritratto. Zola, che forse non apprezzò appieno il dipinto, lo collocò nella sala da biliardo della sua casa di Médan, già ornata di dipinti di Cézanne. A partire da questa data dunque, Zola fu il paladino ufficiale degli impressionisti, tanto che nel 1870 lo scrittore venne raffigurato in due significativi ritratti di gruppo: nell'*Atelier aux Batignolles* di Fantin-Latour e nello *Studio dell'artista* di Bazille: in quest'ultimo Zola è accompagnato da Manet, Renoir e Monet, ritratti nello studio dello stesso Bazille. In quello stesso anno lo scrittore sposò Gabrielle-Alexandrine Meley, che lasciò dopo alcuni anni, legandosi a Jeanne Rozerot.

Nel 1879 avvenne il primo passo che condusse alla rottura con il gruppo impressionista: per la mostra di quell'anno scrisse una recensione che comparve su "Le Figaro", dal titolo *Zola ha rotto con Manet*. In essa lo scrittore (che pure avrebbe voluto rimanere anonimo) affermava che gli impressionisti erano "dei semplici tecnici", e che non erano stati in grado di realizzare una poetica valida nel tempo. Poi, nel 1886, pubblicò *L'Oeuvre*, la storia di uno scrittore e di un pittore delusi da un successo mai raggiunto: se nel primo personaggio vi era adombrato lo stesso Zola, nel secondo (Claude Lantier) il riferimento era a Cézanne. Fu un libro che fece molto scalpore: Monet comunicò a Zola che ne era «rimasto male, disturbato». Cézanne scrisse cortesemente per ringraziare della copia ricevuta, interrompendo così un rapporto epistolare di ben ventisei anni. Nessuno degli impressionisti volle più avere alcun rapporto con lo scrittore.

1

1. *Edouard Manet,*
Ritratto di Zola,
1868,
Parigi,
Musée d'Orsay

2

2. *Paul Cézanne,*
Paul Alexis legge un manoscritto a Zola,
1869,
San Paolo,
Museu de Arte

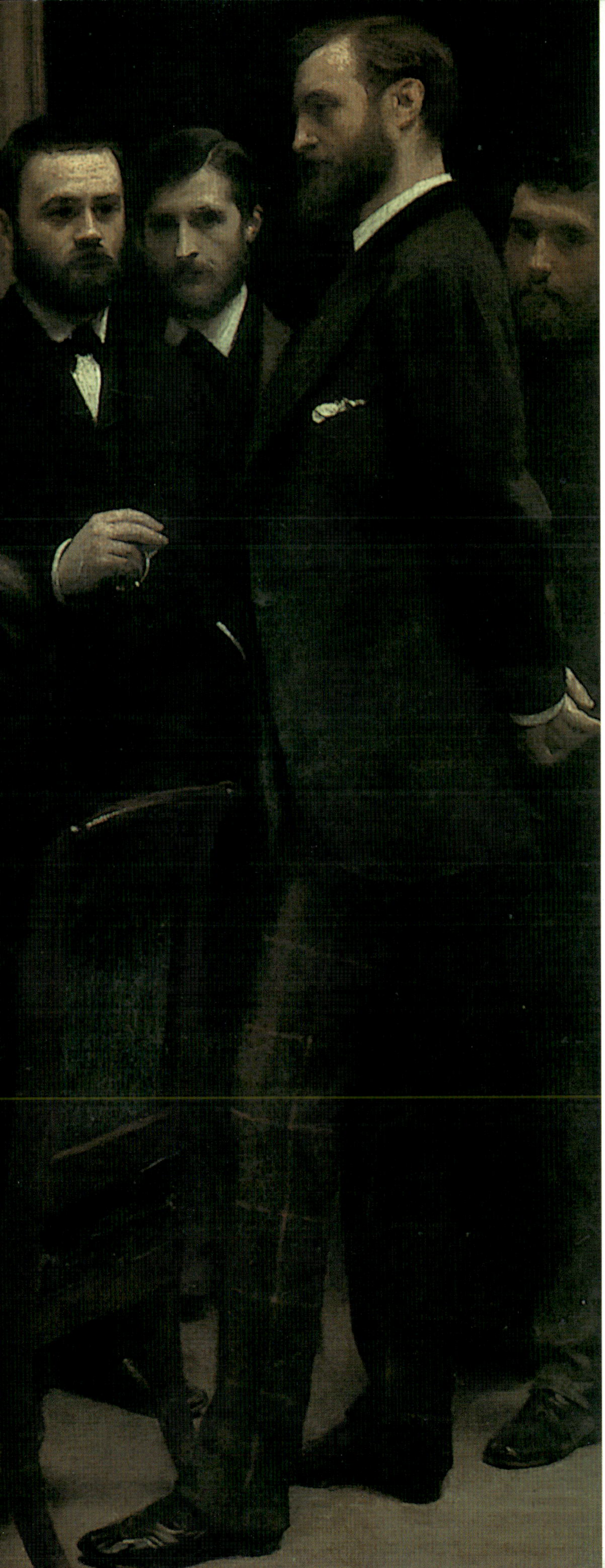

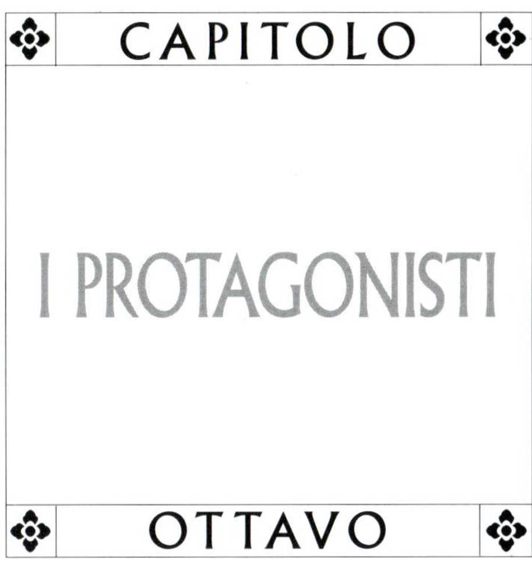

CAPITOLO

I PROTAGONISTI

OTTAVO

A cominciare da Manet, le biografie degli impressionisti sono caratterizzate da un elemento di ostinata determinazione per la pittura, esercitata quasi sempre contro un destino che sembrava riservare loro ruoli di pacati borghesi, o per i meno fortunati di grigi impiegati. Primeggiano in tal senso le figure di Monet, involontario creatore del termine "impressionismo", di Renoir, il ritrattista dell'alta borghesia, di Pissarro e di Sisley, celebri paesaggisti, di Degas, il pittore delle "ballerine". Senza naturalmente dimenticare la Morisot e la Cassatt, Guillaumine, Bazille, Caillebotte e Cézanne.

EDOUARD MANET

(Parigi, 1832 - 1883)

Edouard Manet, nato nel 1832 da una famiglia parigina altoborghese, voleva assolutamente fare il pittore, anche «a costo di portare i suoi alla disperazione», come racconta Théodore Duret. Così nel 1850 entrò nell'atelier di Thomas Couture con il quale rimase fino al 1856, quando «stufo marcio dei fronzoli accademici [...], decise ch'era meglio o piantar là la pittura, oppure ripartire da zero». Compì viaggi di studio soffermandosi sulle opere di Giorgione, di Tiziano, degli olandesi del Seicento, di Velázquez e di Goya, collezionando inoltre stampe giapponesi.

Nel 1853, dalla relazione con Suzanne Leenhoff nacque il figlio Léon, che per salvare le apparenze non fu mai riconosciuto (andrà a vivere coi genitori solo nel 1863, dopo il loro matrimonio, figurando come fratello minore di Suzanne). Nel 1863, *Le Déjeuner sur l'herbe*, rifiutato al Salon e esposto al Salon des Refusés, sollevò un enorme scandalo. Manet diventò il portabandiera di una pittura d'avanguardia attorno alla quale si coagulò un gruppo di pittori (i futuri impressionisti), il cui ritrovo fu il parigino Café Guerbois. Nel 1865, nuovo scandalo legato a un suo quadro, l'*Olympia*. Stavolta il dipinto fu presentato al Salon, spazio espositivo ufficiale a cui Manet fu ammesso regolarmente a partire dal 1868, e che preferì alle mostre del gruppo impressionista, da lui regolarmente disertate nonostante l'amicizia con i giovani artisti che lo consideravano il loro maestro. Suoi interlocutori prediletti furono i letterati, Zola, Mallarmé (di cui illustrò *L'après-midi d'un faune* del 1876), Baudelaire, Paul Valéry, Théodore Duret, dei quali eseguì intensi ritratti a olio e a pastello.

Durante la guerra franco-prussiana del 1870, venne arruolato nella Guardia nazionale. Dal 1872 al 1874, a Argenteuil, dipinse "en plein air" insieme a Monet e Renoir.

La sua pittura si evolse: opere come *Coppia a Argenteuil* o *La famiglia Monet in giardino*, del 1874, appaiono pienamente impressioniste, anche se Manet non rinunciò mai al suo interesse nei confronti della figura umana, e all'utilizzo di colori non complementari come il nero. Furono sue allieve le pittrici Berthe Morisot e Eva Gonzalés. Nel 1881, grazie all'amico Antonin Proust, divenuto ministro delle Belle Arti, gli fu conferita la Legion d'onore. Morì il 30 aprile del 1883, afflitto da una grave forma di atassia.

1

1-2. Autoritratto con tavolozza
1879.
Borghese, disinvolto, gradevole nell'aspetto e nei modi, Edouard Manet rimane ancora oggi uno degli artisti più impenetrabili della pittura moderna. L'aspetto curato e i modi raffinati erano il risultato dell'educazione ricevuta in un ambiente familiare sobrio ma elegante. Era nato, infatti, in una famiglia dell'alta borghesia francese del Secondo impero.

2

3

3-4. Madame Manet al piano 1867-1868, Parigi, Musée d'Orsay. Nonostante l'apparente distacco, la vita intima dell'artista si dispiega nella sua opera pittorica: la moglie Suzanne, discreta musicista di origine olandese, è ritratta al suo pianoforte nell'appartamento di rue St. Pétersbourg. Manet e Suzanne si erano sposati nel 1863. La moglie dell'artista era già stata ritratta in questa posa in un quadro di Degas del 1865, intitolato *Manet che ascolta sua moglie al piano*, dipinto che l'autore aveva regalato alla coppia e che fu motivo di una celebre lite tra i due. Degas infatti andò su tutte le furie, perché Manet aveva osato tagliare l'immagine della donna dal dipinto a causa del realismo con cui l'amico aveva dipinto il profilo non particolarmente grazioso di Suzanne.

5

5-6. Cantante di strada 1862 circa, Boston, Museum of Fine Arts. È uno dei primi ritratti di Victorine-Louise Meurent, qui colta mentre mangia ciliegie. Victorine, una ragazza dal carattere allegro e vivace, conobbe Manet quando aveva diciotto anni, e fu la modella preferita dall'artista sino al 1875 (compare infatti in molti dipinti del periodo "ispanico"). La modella lasciò l'attività per una fuga d'amore negli Stati Uniti ma, rientrata a Parigi, divenne pittrice e fu anche ammessa al Salon con un autoritratto. Finì però alcolizzata e non le rimase che prostituirsi per sopravvivere.

4

6

1

2

3

1-3. Torero morto
1864,
Washington,
National Gallery
of Art.
Il dipinto è in realtà la metà di un quadro con una tauromachia che Manet divise in due parti: l'altra rappresenta un combattimento di tori. Manet teneva in studio abiti spagnoli e quelli indossati dal torero sono gli stessi del quadro con Victorine Meurent in abito da espada ed altri ancora. Il torero è un'immagine impersonale: egli giace, solo, nel suo costume dai mille toni vellutati del nero, rischiarato soltanto dall'abbagliante biancore delle calze e della camicia. La macchia di sangue che si spande discretamente dalla spalla rappresenta l'unico elemento di alta drammaticità che separa il sonno dalla morte. Il dipinto provocò l'ilarità della critica benpensante al Salon, dove venne esposto. Il quadro fu poi acquistato da un collezionista americano, l'uomo d'affari James S. Inglis, che di Manet possedeva anche una *Corrida.*

4

4. Il pifferaio
1866,
Parigi,
Musée d'Orsay.
Non è certa l'identità del modello che ha posato per questa tela. È stata avanzata l'ipotesi che potesse trattarsi di Victorine Meurent o di Léon Koella, nella divisa prestatagli dal comandante Lejosne. Ma non importa sapere a chi appartenga il volto del giovane piffero di reggimento: il vero modello è qui la pittura di Velázquez, che Manet considerava «il pittore dei pittori». Nondimeno, lo studio delle stampe giapponesi gioca un ruolo stilistico di primaria importanza, soprattutto nella stesura dei colori e nei contorni netti e ben definiti che si stagliano sullo sfondo uniforme. La composizione infatti è estremamente semplificata, costruita sugli effetti luminosi e atmosferici. Tuttavia, il dipinto fu rifiutato dalla giuria del Salon del 1866, cosa che spinse Zola a prendere posizione a favore di Manet e contro l'ottusità dei giurati sulle pagine del quotidiano "L'Evénement". Il critico scrisse che la semplificazione del quadro «creata dall'occhio chiaro e giusto dell'artista, ha fatto della tela un'opera assolutamente delicata e ingenua, deliziosa fino alla grazia e reale fino all'asprezza».

5

5-6. Colazione nello studio
1868,
Monaco,
Neue Pinakothek.
Il quadro è uno dei più enigmatici di Manet: in esso è implicita la pittura olandese e fiamminga del Seicento, che si rivela palese nell'esercizio di stile costituito dal brano della natura morta sul tavolo. Il limone sbucciato e il coltello in equilibrio erano alcuni degli elementi più ricorrenti nelle nature morte di scuola olandese e fiamminga. Le armi e le armature sulla sinistra del dipinto, prese in prestito dal pittore Monginot, sembrano richiamare esempi di pittura rinascimentale. Il dipinto fu impostato da Manet durante l'estate del 1868 a Boulogne-sur-Mer, e ritrae il pittore Auguste Rousselin nel personaggio seduto dietro la tavola, e una modella nei panni della cameriera. Il personaggio maschile in primo piano è Léon Koella Leenhoff, figlio illegittimo di Manet.

7-8. Nana
1877,
Amburgo,
Kunsthalle.
Il dipinto si ispira all'omonimo personaggio femminile dell'*Assommoir* di Zola, romanzo pubblicato a puntate tra l'aprile del 1876 e il gennaio del 1877. Raffigura una giovane donna in deshabillé mentre si incipria il naso, con evidente allusione alla vita quotidiana di una qualunque cocotte parigina, osservata dal protettore seduto sul divano, a destra. Per la figura femminile posò Henriette Hauser, allora chiacchierata amante del principe d'Orange. Il quadro fu presentato da Manet al Salon dello stesso anno, dove la giuria lo rifiutò per ragioni di pubblica decenza.

6

7

8

CLAUDE MONET

(Parigi, 1840 - Giverny, 1926)

Nel 1840 nasce a Parigi, in rue Lafitte, Oscar-Claude Monet. Dal 1845 al 1858 vive a Le Havre, dove il padre deve trasferirsi per lavoro, e nel 1859 torna a Parigi, dove si iscrive all'Académie Suisse. Qui conosce Pissarro. Nel 1862, al suo rientro dal servizio militare nella colonia algerina, stringe amicizia con Courbet. Allo studio di Gleyre incontra Bazille, Renoir e Sisley, con i quali dipinge "en plein air" nella foresta di Fontainebleau. Insieme a loro accoglie entusiasta il *Déjeuner sur l'herbe* di Manet al Salon des Refusés del 1863. L'incontro con quest'opera ispirò poi dipinti con figure all'aperto come *Donne in giardino* (1866), in cui si avvalse per i quattro personaggi della stessa modella, Camille Doncieux, che sposò nel 1870. Nel 1866 conosce Manet. Fino al 1870 alterna i soggiorni nella foresta di Fontainebleau con quelli a Honfleur, in Normandia. Nel 1869 è a Bougival. In coincidenza con la guerra franco-prussiana, Monet, repubblicano, si rifugia a Londra, dove alla fine del 1870 – dopo Sedan – tramite Daubigny conosce il mercante d'arte Paul Durand-Ruel. Tornato in Francia alla fine del 1871, dopo un breve soggiorno in Olanda deve affrontare seri problemi economici. Decide di stabilirsi a Argenteuil, dove rimane fino al 1878. Qui affitta una casa nel cui giardino può coltivare i suoi amati fiori, e qui allestisce il suo studio su un piccolo battello con l'aiuto dell'amico Caillebotte e lavora spesso con Manet e Renoir. Nel 1878 si trasferisce a Vétheuil. Per dipingere "en plein air" viaggia moltissimo: a Le Havre realizza *Impression: soleil levant* (1872), che presenta alla prima mostra impressionista del 1874. Nel 1880 Monet conosce finalmente il successo di critica e di pubblico esponendo diciotto opere presso la sede della rivista "La Vie Moderne" di Georges Charpentier. Dopo qualche tempo, conosce Alice Hoschedé che per lui abbandonerà il marito Ernest (e che, morta Camille, diventerà sua moglie nel 1892). Dopo una serie di fortunate esposizioni – tra cui la mostra newyorkese di Durand-Ruel, nel 1886, e quella parigina alla galleria Georges Petit, nel 1889 – alla fine degli anni Ottanta Monet è ricco e famoso. Nel 1890 acquista la casa di Giverny dove risiede dal 1883 e dove inizia alcune serie di dipinti: i *Papaveri*, i *Pioppi*, i *Covoni di fieno*. Continua a viaggiare molto, fino a quando diventa quasi cieco. La pittura di Monet conseguì un apprezzamento generalizzato, confermato fra l'altro dalla mostra del 1896 a New York, presso Durand-Ruel. La serie delle *Ninfee* che la morte, nel 1926, gli impedisce di completare, sarà collocata all'Orangerie delle Tuileries.

1

1. Oscar 1862. Eseguita poco dopo che il pittore era stato rimpatriato in Algeria, ci mostra Monet all'età di circa ventidue anni. Prima di dedicarsi seriamente alla pittura, firma i suoi primi quadri con il nome di "Oscar".

2. Pierre-Auguste Renoir, **Monet che legge** 1872, Parigi, Musée Marmottan. Dipinto ad Argenteuil, fu regalato dall'autore a Monet, e nel 1966 fu donato dal figlio di Monet al museo Marmottan.

2

3

3-4. La casa blu a Zaandam
1871.
Al termine del conflitto franco-prussiano, Monet si recò in Olanda prima di rientrare in patria, forse attirato dalla presenza di Daubigny. Lì dipinse numerose tele fra cui questa. Il dipinto riprende la zona del canale di Zaandam, ed è dominato da un acceso blu e da una composizione pura, ottenuta per giustapposizione di campiture cromatiche. Fu venduto in un'asta per 405 franchi nel 1874. In seguito appartenne alla collezione di Ernest Hoschedé.

5-6. Déjeuner sur l'herbe
1865-1866,
Mosca,
Museo Puškin.
Nel 1865 Monet espose per la prima volta al Salon. Dopo l'esposizione partì per Chailly, dove lavorò a numerosi studi sul tema del *Déjeuner sur l'herbe*, rivisitazione del ben più celebre quadro di Manet. I due pittori erano amici e si ispiravano spesso agli stessi soggetti. Diversamente dal più illustre precedente, qui il pittore dipinge una scena convenzionale di ozio campestre, gradevole quanto basta per essere apprezzata dalla critica e dal pubblico.

4

5

6

1-2. Crepuscolo a Venezia
1908,
Tokyo,
Bridgestone Museum of Art.

Monet aveva sempre viaggiato molto: nel 1883 era stato in Italia in compagnia di Renoir. Nel 1908 fa il suo penultimo grande viaggio, recandosi a Venezia con la moglie su invito della famiglia Curtis, a palazzo Barbaro sul Canal grande. A Venezia Monet decide di trattenersi ulteriormente per dipingere, e prende alloggio all'hotel Britannia per due mesi. L'artista è completamente affascinato dall'atmosfera veneziana, dagli effetti di luce e dai riflessi dell'acqua sui monumenti, tanto da tornarvi una seconda volta l'anno seguente. A proposito di Palazzo ducale ebbe a dire: «L'artista che concepì questo palazzo fu il primo degli impressionisti. Lo lasciò galleggiare sull'acqua, sorgere dall'acqua e risplendere nell'aria di Venezia come il pittore impressionista lascia risplendere le sue pennellate sulla tela per comunicare la sensazione dell'atmosfera. Quando ho dipinto questo quadro, è l'atmosfera di Venezia che ho voluto dipingere. Il palazzo che appare nella mia composizione è stato per me solo un pretesto per rappresentare l'atmosfera. [...] Venezia è immersa in questa atmosfera. Nuota in questa atmosfera. È l'impressionismo in pietra».

1

2

3

3. I pioppi
1891,
New York,
Metropolitan Museum of Art.

Questo quadro è una delle tante variazioni sul tema degli alberi, suggerito all'artista dal soggiorno a Giverny, dove aveva realizzato il suo amato giardino accanto a un affluente del fiume Epte, fonte di suggestione per molti dipinti. Per dipingere la serie dei *Pioppi* – comprendente, fra gli altri, un dipinto conservato presso il Museum of Art di Filadelfia – Monet si reca sul luogo con un'ingombrante attrezzatura, posizionando una fila di cavalletti, in modo da dipingere lo stesso soggetto a diverse ore del giorno. Sono dipinti schizzati "in tempo reale", con l'idea dell'istantanea, quasi in gara con il tempo. Prima che la serie sia conclusa, Monet viene a sapere che i pioppi stanno per essere tagliati per vendere la legna. Pur di concludere il lavoro, contatta il compratore e gli propone un rimborso in cambio di procrastinare il taglio della legna. La serie fu esposta nel 1892 presso la Galleria Durand-Ruel, con grande successo.

4

4-5. Lo stagno delle ninfee
1899,
Parigi,
Musée d'Orsay.
Nella passione per la cultura giapponese, diffusa attraverso le stampe giunte in Europa a partire dal 1870, rientra anche il gusto del giardino giapponese. Monet, che nel 1890 aveva acquistato la casa di Giverny, coltivò nello stagno le ninfee, con i semi fatti arrivare dal Giappone. Lo stagno delle ninfee fu attrezzato con un piccolo ponte di legno a schiena d'asino, e sui suoi bordi crescevano salici piangenti e numerose piante esotiche. Quest'angolo del giardino divenne per Monet un vero e proprio rifugio, ispirandogli una lunga serie di dipinti con lo stesso soggetto, a partire dagli anni Novanta: nel 1902 aveva già dipinto quarantotto vedute. Anche dopo la malattia agli occhi, Monet continuò a lavorare alle tele delle *Ninfee* nel suo atelier di Giverny, attrezzato per realizzare contemporaneamente più quadri.

5

6. Camille in abito verde
1866,
Brema,
Kunsthalle.
Il dipinto è un ritratto a grandezza naturale della compagna del pittore, Camille Doncieux, che l'anno seguente sarà madre del suo primo figlio. Fu dipinto in soli quattro giorni per il Salon di quell'anno, dove fu accettato grazie alla presenza in giuria di Corot e di Daubigny, ma fece molto discutere. Diverse caricature furono infatti ispirate da questo ritratto su giornali e riviste parigini. All'epoca i problemi economici di Monet erano già notevoli: aveva perso la protezione finanziaria della zia e non aveva soldi per vivere. Il dipinto fu acquistato per ottocento franchi da Arsène Houssaye, ispettore delle Belle Arti e direttore della rivista "L'Artiste", nel 1868.

6

PIERRE-AUGUSTE RENOIR

(Limoges, 1841 - Cagnes-sur-Mer, 1919)

Nato nel 1841 a Limoges, Pierre-Auguste Renoir dipingeva già a tredici anni come decoratore di porcellane. Nel 1862, a Parigi, frequenta l'Ecole des Beaux-Arts e contemporaneamente lo studio di Gleyre. Là incontra Sisley, Bazille e Monet con i quali si reca nella foresta di Fontainebleau per dipingere "en plein air".

Dopo l'incontro con Narcisse Diaz de la Peña, la sua pittura adotta toni più chiari e luminosi. Nel 1865 si lega a Lise Tréhot, che poserà per lui come più tardi farà Aline Charigot, sua moglie dal 1890. Nel 1870 partecipa alla guerra franco-prussiana. Nel 1872, ad Argenteuil, dipinge spesso in compagnia di Monet. Nel 1874 partecipa alla prima mostra degli impressionisti. Tra il 1874 e il 1877, nonostante le ristrettezze economiche, dipinge alcuni capolavori tra cui *Il Moulin de la Galette* (1876), «un monumento della vita cittadina» come lo definì Georges Rivière. Nel salotto di Madame Charpentier, moglie dell'editore della rivista "La Vie Moderne", nei cui locali organizza nel 1879 una personale, frequenta persone facoltose che gli commissionano diversi lavori. Espone al Salon fra il 1878 e il 1880, ma diserta la quarta, la quinta e la sesta mostra impressionista. Proprio nel 1880, mentre Zola sulla rivista "Voltaire" polemizza con gli impressionisti, Renoir inizia *La colazione dei canottieri.* Fra il 1881 e il 1882 si reca in Algeria e in Italia, interessato in particolare agli affreschi di Raffaello e alla pittura pompeiana. Dopo questo viaggio, sente che la sua pittura ha bisogno di maggior rigore.

La crisi esplode nel 1883: «Ero arrivato al punto estremo con l'impressionismo», avrebbe spiegato l'artista ad Ambroise Vollard. Ha inizio la fase della pittura "aigre" (aspra) o "ingresque", che perdura fin verso il 1888 e il cui massimo raggiungimento è costituito da *Le grandi bagnanti.* Frequenta le riunioni in casa di Berthe Morisot, dove conosce Stéphane Mallarmé con il quale progetta un'edizione illustrata dei suoi poemi. Si reca con Cézanne a dipingere a L'Estaque.

Nel 1892 Durand-Ruel gli organizza una importante retrospettiva che suggella il suo successo; promuove la sua pittura anche il mercante Georges Petit. Dal 1898 è afflitto da una grave malattia reumatica, ma continua a dipingere fino all'ultimo, facendosi legare i pennelli alle mani. Muore il 3 dicembre 1919 a Cagnes-sur-Mer, poco dopo aver finito l'ultima versione delle *Bagnanti.*

1

1. A vent'anni 1861. Pierre-Auguste frequentò la scuola elementare in un edificio accanto al Louvre. Dagli attrezzi del padre, sarto, rubava i gessetti per disegnare, e questo convinse i genitori ad acquistare per il piccolo quaderni e matite per assecondare la sua passione. Autodidatta, il giovane Renoir giunse all'arte da una successiva esperienza artigiana. Qui è ritratto all'età di circa vent'anni.

2. Quaranta anni dopo 1900 circa. Ritratto dell'artista a circa sessanta anni.

2

3

3-4. Madamoiselle Romaine Lancaux
1864,
Cleveland,
Museum of Art.
Sin dai primi anni, Renoir si rivela un grande ritrattista, come dimostra in questa tela dipinta a soli ventitre anni. Primo dei molti ritratti di bambini eseguiti durante la sua carriera, questo sembra particolarmente legato a schemi compositivi tradizionali, pur mostrando, accanto alla staticità della posa della giovane modella, accenti di freschezza e di vivacità espressiva che mettono in luce l'abilità nel cogliere le caratteristiche individuali. L'uso del colore, la sua lucentezza, le tonalità rosate, sembrano richiamare la luminosità della pittura a smalto, di cui Renoir aveva esperienza come decoratore di porcellane. I colori dell'abito e delle stoffe brillano sullo sfondo opaco, richiamando alla mente gli effetti dei quadri di Velázquez. E proprio a un quadro del maestro spagnolo, *L'infanta Margherita*, può essere posto a confronto questo dipinto.

5-6. Gli ombrelli
1883,
Londra,
National Gallery.
Tornato dal viaggio in Italia del 1882, Renoir manifesta il desiderio di restituire compattezza alle forme nei dipinti.
A questo periodo, definito "aigre" o "ingresque", appartengono diversi dipinti fra cui questo, che testimonia la fase di transizione. La tormentata esecuzione del dipinto mostra tutti i dubbi e i ripensamenti dell'artista. Il clima del quadro è schiettamente parigino: un'atmosfera sofisticata e alla moda, tipica della pittura di Renoir, avvolge le figure sorprese dalla pioggia e ritratte con l'oggettività di una vera e propria istantanea fotografica.

4

5

6

1

1-2. Pomeriggio dei bambini a Wargemont
1884,
Berlino,
Nationalgalerie.
Opera perfettamente rappresentativa del periodo "aigre", che caratterizzò la pittura di Renoir soprattutto tra il 1883 e il 1887. La tranquilla scena di vita alto-borghese è ripresa nella dimora di campagna dell'amico diplomatico e banchiere Paul-Antoine Bérard, presso Dieppe. Costui ebbe un ruolo molto importante nella vita dell'artista: era un appassionato mecenate e collezionista, e come tale aiutò Renoir, che frequentava abitualmente le sue residenze. Il quadro è dominato da un gioco di luce e ombra, di toni freddi e caldi, con le figure che stabiliscono un dialogo formale, ciascuna circondata dall'aura della propria personalità. Evidenti gli influssi della pittura olandese del Seicento.

2

3-4. La passeggiata nel bosco
1870.
Attorno al 1870, Renoir si trova a stretto contatto con Monet, dopo che un ennesimo rifiuto ottenuto dai suoi quadri al Salon aveva causato l'allontanarsi del pittore da Parigi. Monet si ritira in una piccola casa presso Bougival, con la moglie Camille e il piccolo Jean, e qui Renoir lo raggiunge spesso. I due lavorano fianco a fianco sulle rive della Senna, ritraendo gli stessi soggetti. Questo quadro testimonia dunque una stagione umanamente e pittoricamente "felice", esprimendo la serenità di una passeggiata romantica della coppia che, come si comprende dagli abiti, appartiene al ceto benestante.

3

4

5

6

5-6. Nudo sui cuscini
1907,
Parigi,
Musée de l'Orangerie.
Il nudo femminile e il ritratto furono i due cavalli di battaglia di Renoir. Fra il 1903 e il 1907 il pittore dipinse una serie di tre nudi distesi, di cui questo è l'ultimo. Le dimensioni e il formato dei dipinti fanno pensare che le tele siano state commissionate a scopo decorativo, per essere appese in qualche salotto. Questi nudi, pur riagganciandosi a quegli degli anni Ottanta, mostrano una certa differenza nel richiamarsi, anziché a volumetrie quattrocentesche, ai modelli classici e alla tradizione veneziana, in particolare alle *Veneri* di Tiziano. Qui inoltre il pittore presta una particolare attenzione al contesto ambientale, con la descrizione dell'arredo e delle stoffe.

8

7

7-8. Il Pont Neuf
1872,
Washington,
National Gallery of Art.
Dopo il conflitto del 1870, e dopo la diaspora dei molti artisti che avevano scelto di vivere fuori città (Pissarro e Cézanne a Pontoise, Sisley a Louveciennes e Monet ad Argenteuil), Renoir è uno dei pochi rimasti a Parigi. La città gli piace, e lo scenario urbano lo affascina non meno di un campo fiorito o di un paesaggio marino; la vita che scorre gli fornisce occasioni per ritrarre scene animate, come questa. Dalla finestra di un café al piano superiore alla strada, gode infatti di un'ottima vista sul Pont Neuf. Dipinge quindi il luogo affollato di personaggi in un giorno di sole, ricorrendo però ad un piccolo stratagemma: mentre dipinge, suo fratello Edmond ha il compito di fermare i passanti con una scusa – domandando informazioni stradali o l'ora – per tenerli in posa almeno qualche istante.

Camille Pissarro

(Saint-Thomas, 1830 - Parigi, 1903)

Di famiglia ebrea, nato nel 1830 a Saint-Thomas nelle Antille, si stabilì definitivamente a Parigi nel 1855. Frequentò l'Ecole des Beaux-Arts e l'Académie Suisse, dove conobbe Monet. Già orientato verso la pittura di paesaggio, subì l'influenza di Corot e di Courbet. Nel 1861 incontrò anche Cézanne e Guillaumin, con i quali due anni dopo espose al Salon des Refusés: erano presenti anche Manet e Jongkind. Dipinse "en plein air" con Monet, Renoir e Bazille. Prese a esortare Cézanne e i compagni ad abbandonare il nero e la terra di Siena, e a dipingere lavorando "sul motivo". Nel 1870, durante la guerra franco-prussiana, soggiornò a Londra con Monet. Là conobbe Durand-Ruel. Tornato in Francia nell'estate del 1871 si stabilì a Pontoise. Date le condizioni economiche precarie, come Guillaumin si guadagnava da vivere dipingendo ante di finestre. Viveva fra Pontoise (*Tetti rossi*, 1877), dove di sovente lavorava con Cézanne, e Louveciennes (*La diligenza di Louveciennes*, 1870; *La strada per Louveciennes*, 1872). Lasciata Pontoise nel dicembre 1882, l'artista si stabilì per un breve periodo a Osny, poi a Eragny-sur-Epte, dove risiedette fino alla morte. Mantenne, nonostante la distanza, stretti contatti con l'ambiente parigino: fu l'unico artista che partecipò a tutte le mostre impressioniste. Appoggiò con entusiasmo il lavoro prima di Cézanne, e poi di giovani artisti quali Gauguin (di cui fu maestro) Seurat e Signac, conosciuti nel 1885. A seguito di tali incontri rimase attratto e influenzato dalle teorie del divisionismo, tanto da praticare le tecnica del "pointillisme" per alcuni anni fino al 1890 (*Le spigolatrici*, 1889). Tornò quindi alla maniera che gli era stata propria, con una ancor maggiore libertà espressiva. Nel 1887 espose alla galleria Boussod & Valadon, il cui direttore Theo van Gogh gli chiese di poter ospitare a pensione il fratello Vincent; madame Pissarro rifiutò. Nel 1891 installò un torchio nel suo studio per stampare le sue incisioni. Nel 1900 prese in affitto un appartamento presso il Pont Neuf a Parigi, dove morì tre anni dopo.

1

1. Autoritratto
1873,
Parigi,
Musée d'Orsay.
Di fede anarchica, ateo e materialista, Pissarro inquadra la sua battaglia per la pittura nell'ambito dei rapporti fra artista e società, ma per quanto radicali le sue idee sono temperate da profonda umanità. Definito con affetto da Cézanne «umile e colossale», è, per quanti hanno guardato a lui, figura tutelare e paterna, in grado di trasmettere una conoscenza di natura spirituale, oltre che tecnica.

2. Posa da artista
Pissarro posa davanti alla finestra del suo atelier di Eragny.

2

3

3-4. Paesaggio a Pontoise
1872 circa, Parigi, Musée d'Orsay.
Tra tutti gli impressionisti, Pissarro fu quello in assoluto più interessato alla natura e al soggetto del paesaggio. Gli altri artisti, che riconoscevano a Pissarro questo speciale interesse, lo ammiravano per la sua capacità di penetrare a fondo la natura. A Pontoise il pittore aveva riunito una sorta di "scuola", dove accolse Guillaumin e Cézanne. Quest'ultimo, in particolare, apprese dal più anziano collega tecnica e invenzione della pittura.

5

4

6

5-6. Tetti rossi
1877, Parigi, Musée d'Orsay.
È una delle opere più vicine a Cézanne: il rapporto tra i due artisti, nato nel 1861 all'Académie Suisse di Parigi, fu particolarmente stretto a partire dal 1873, e proseguì ben oltre il periodo di più stretta collaborazione. Comuni rimarranno sempre il bisogno di immersione nella natura, la tendenza a costruire le forme per blocchi, e a creare effetti di profondità tramite sovrapposizioni.

ALFRED SISLEY

(Parigi, 1839 - Moret-sur-Loing, 1899)

Figlio di un ricco mercante inglese stabilitosi in Francia, Alfred Sisley nacque nella capitale nel 1839. Nel 1861 entrò all'Ecole des Beaux-Arts e dal 1862 frequentò lo studio di Gleyre dove rimase fino al 1864, diventando amico di Renoir, Bazille e Monet, al quale fu particolarmente vicino. Il suo interesse fu soprattutto per la pittura di paesaggio, che praticava esclusivamente "en plen air". Insieme all'insegnamento di Corot, componente fondamentale della sua formazione fu la sua origine inglese, e quindi il forte ascendente di Gainsborough, Constable e Turner, che portò l'artista – almeno fino agli anni Ottanta – a realizzare paesaggi ventosi e tersi, dai toni algidi e malinconici. Dal 1863 al 1870 lavorò con Bazille, Monet e Renoir tra Chailly, Marlotte e Honfleur. Entrato nel 1869 nel gruppo del Café Guerbois, conobbe il mercante Durand-Ruel e partecipò alle prime tre mostre impressioniste, disertando poi le altre, tranne la settima. Durante la guerra franco-prussiana soggiornò a Louveciennes. Nel 1871 il padre fallì e morì, lasciandolo in una situazione economica disastrosa. Al 1872 risale l'incontro con Durand-Ruel. Nel 1875 si stabilì a Marly-le-Roi e continuò a dipingere a Louveciennes, Bougival, Saint-Germain e Versailles. Essenzialmente pittore di paesaggio, alcuni dei suoi quadri migliori risalgono agli anni Settanta (*La route de la Princesse a Louveciennes*, 1875; *L'inondazione a Port-Marly*, 1876). Nel 1877 conobbe l'editore e gallerista Charpentier, che nel 1881 gli organizzò una personale alla "Vie Moderne". Cambiò più volte luogo di residenza: dopo Louveciennes, si trasferì a Marly-le-Roy nel 1875, a Sèvres nel 1877, a Veneux-Nadon nel 1880, a Moret-sur-Loing dal 1882. Molto apprezzato dai compagni del gruppo impressionista, ma poco seguito dal largo pubblico, Sisley visse gli ultimi anni della sua vita in solitudine e miseramente a Moret-sur-Loing, a sud di Parigi presso Fontainebleau, finché la morte non lo colse nel 1899. L'anno successivo, *L'inondazione a Port-Marly* fu venduto per quarantatremila franchi, più di quanto Sisley abbia guadagnato in tutta la sua vita.

1

1-2. Pierre-Auguste Renoir, **I fidanzati (o I coniugi Sisley)** 1868, Colonia, Wallraf-Richartz Museum. Il dipinto fu realizzato da Renoir in un periodo in cui, insieme a Sisley, era ospite di Bazille, nel suo studio in rue de la Paix. L'identità della donna non è certa: alcuni sostengono che si tratti dell'amante di Sisley, la modella Eugénie Lescouzec, figlia di un ufficiale dell'esercito. La donna ebbe tre figli dall'artista, che li riconobbe legalmente. Altri hanno visto nella figura femminile le sembianze di Lise Tréhot, la modella preferita di Renoir.

2

3

3-4. Campi di grano ad Argenteuil
1873,
Amburgo,
Kunsthalle.
Dipinto "en plein air" nei dintorni di Argenteuil, località assiduamente frequentata dagli impressionisti, il quadro fu esposto alla prima mostra impressionista insieme ad altri quattro paesaggi, e acquistato l'anno seguente dal mercante Durand-Ruel. Evidente è l'influenza di Corot nei toni cromatici e nell'impostazione della veduta.

5-6. La chiesa di Moret
1893,
Rouen,
Musée
des Beaux-Arts.
Gli ultimi anni della sua vita Sisley li trascorse in solitudine a Moret-sur-Loing, lontano dagli amici di sempre. La consuetudine di dipingere all'aperto anche durante l'inverno gli aveva causato una temporanea paresi al volto. Fatto altrettanto grave, era affetto da una forma acuta di ipocondria. Aveva abbandonato Durand-Ruel per un altro mercante, ed esponeva al salon del Champ de Mars. Malato di cancro alla gola, povero, ignorato dal pubblico e dalla critica, morì il 29 gennaio 1899, quattro mesi dopo la morte della sua compagna. Poco tempo dopo i suoi dipinti raggiunsero quotazioni altissime.

4

5

6

Edgar Degas

(Parigi, 1834 - 1917)

Edgar Germain Hilaire De Gas (questa era l'originaria grafia del cognome) nacque a Parigi nel 1834. Figlio di un banchiere amante della musica e dell'arte, era imparentato con l'aristocrazia napoletana e fiorentina (in Italia si recò quasi ogni anno tra il 1854 e il 1886). Dopo la laurea in giurisprudenza, il suo interesse per la pittura lo portò nel 1854 a diventare allievo del pittore Louis Lamothe, a sua volta discepolo di Ingres, uno dei grandi maestri di cui Degas subisce l'influenza. All'Ecole des Beaux-Arts, trovò però ben presto insoddisfacente l'insegnamento accademico. Fino al 1859, oltre a copiare i capolavori del Louvre, fece numerosi viaggi di studio in Italia, dove a Firenze e a Napoli risiedevano suoi parenti. Tornato a Parigi, cominciò a frequentare i circoli dei caffè, in particolare il Café Guerbois; studiò e collezionò stampe giapponesi. Nel 1862 l'incontro con Manet fu decisivo per l'evolversi della sua pittura in senso impressionista. Reduce dalla guerra franco-prussiana, si introdusse nell'ambiente dell'Opéra, da cui trasse suggerimenti per numerosi dipinti. Nel 1872 fece un viaggio a New Orleans presso i parenti della madre, Célestine Musson, già morta da vari anni: in tale occasione eseguì la tela con *L'ufficio dei Musson a New Orleans* (1873). Dal 1874 al 1886 partecipò a tutte le mostre degli impressionisti (tranne a quella del 1882) presentando oli, pastelli e disegni che puntualmente dimostravano il suo disinteresse per la natura e per la pittura "en plein air", rinnegando quindi uno dei capisaldi delle teorie di Monet e compagni. Tra gli artisti del gruppo rimane il più lontano dal vero e proprio impressionismo, preferendo creare le sue tele sulla base di schizzi e appunti. I suoi soggetti preferiti furono i ritratti, i cavalli all'ippodromo, le ballerine e il mondo del teatro, le modiste, le stiratrici, le prostitute e ogni tipo di figura femminile colta in atteggiamenti naturali, immediati. Dal 1898, a causa di gravi problemi alla vista, smise quasi di dipingere, e si dedicò alla scultura, modellando statuine di cavalli in movimento, ballerine in varie pose (*Ballerina di quattordici anni*, 1880) e altri soggetti. Una curiosità della sua produzione è la serie di schizzi, studi, monotipi, disegni e litografie che ha per tema il mondo delle prostitute e delle case chiuse, opere distrutte dal fratello Réné, dopo la morte dell'artista, a eccezione delle poche tavole che Degas cedette all'editore Vollard per illustrare *La Maison Tellier* di Guy de Maupassant e *Les Mimes des courtisanes* di Pierre Louys. Morì il 27 settembre del 1917. Venne sepolto nel cimitero di Montmartre.

1

1. Il benestante 1855-1860. Nato in una famiglia più che benestante, Degas soffrì moltissimo per la morte prematura della madre, scomparsa nel 1847 quando l'artista era poco più che un bambino. Forse per questo il suo rapporto con il sesso femminile non fu mai equilibrato.

2

2. Autoritratto (part.), 1855, Parigi, Musée d'Orsay. Questo autoritratto, dove l'artista si raffigura con uno sguardo interrogativo, sembra essere stato ripreso direttamente da una fotografia. Il dipinto esprime l'alta considerazione che l'artista aveva di se stesso: lo sguardo, la posa, l'abbigliamento, mostrano l'orgoglio del personaggio di appartenere a un ambiente privilegiato.

3

3-4. Fantini davanti alle tribune
1866-1868,
Parigi,
Musée d'Orsay.
Scoperto il fascino dei cavalli, che furono tra i soggetti prediletti dall'artista, e delle piste da corsa, dopo il soggiorno a Mesnil Hubert presso Paul Valpinçon, Degas realizza una serie di studi concentrandosi sulle sagome dei cavalli e dei cavalieri, e sui loro eleganti movimenti. Uno dei vanti dell'artista nei confronti di Manet, con il quale aveva sovente scontri verbali, era quello di aver dipinto le corse dei cavalli molto prima dell'altro.

5-6. Ritratto di Hortense Valpinçon
1871,
Minneapolis,
Institute of Art.
In questo periodo i ritratti si arricchiscono di elementi decorativi, quali stoffe, tappezzerie, carte da parati. Così è nella tenera rappresentazione della piccola Hortense Valpinçon. Degas ruba questa sensibilità al mondo giapponese, di cui ha sempre amato gli elementi decorativi, in quanto ottimi mezzi per prendere le distanze da tutto ciò che risulta troppo naturalista. L'arte giapponese era allora di gran moda e si poteva ammirare nel negozio di Madame Desoye, La Porte Chinoise, che si era inaugurato nel 1862. Le stampe giapponesi si erano poi viste sia all'Esposizione di Londra del 1862, sia a quella di Parigi del 1867.

4

5

6

1

1-2. Lavandaia
1875,
Pasadena,
Norton Simon
Art Foundation.
Le donne furono tra i soggetti preferiti di Degas, ritratte sempre in pose molto intime, o in istantanee che hanno fatto supporre l'uso della fotografia come elemento "preparatorio" alla pittura, in luogo del disegno. Nella scelta dei tipi l'artista oscilla fra due soggetti in antitesi: da un lato le donne eleganti, ballerine o signore alla moda, colte in momenti e in ambienti raffinati; dall'altro lavandaie, stiratrici o prostitute, colte nell'abbrutimento della loro realtà quotidiana. La sua passione per la fotografia, e l'influenza di questa su Degas, sono note: secondo quanto dice Marcel Guérin, alcuni dei suoi quadri erano tratti dalle fotografie che lui stesso scattava. Fra le tante trovate nel suo studio dopo la morte, ve ne sono diverse con immagini di donne intente a stirare.

2

3-4. Dalla modista
1883,
New York,
Metropolitan
Museum of Art.
In netto contrasto con le immagini di donne lavoratrici si pongono dipinti e pastelli con immagini di signore immerse nella loro ricca quotidianità. Il soggetto della donna intenta alla prova dei cappelli dalla modista è molto frequente nella produzione pittorica dell'artista, e a volte vi troviamo raffigurati personaggi femminili noti. Si può dire che questo filone costituisca una sorta di iconografia della donna borghese dell'epoca.

3

4

5

5-6. Il balletto "Robert le Diable"
1872 circa,
New York,
Metropolitan Museum of Art.
A partire dagli anni Settanta, molte delle opere di Degas sono incentrate sull'ambiente teatrale, con scene di danza o di orchestra. La composizione di questo dipinto è basata su una ripartizione dello spazio che riserva poco più della metà al palcoscenico, con un'ottica ribassata, come se l'artista fosse presente in platea. In effetti Degas si aggirava spesso fra le quinte del teatro dell'Opéra, dove diventò amico di un elemento dell'orchestra (il fagottista Désiré Dihau), e dove ritrasse diversi frequentatori abituali. Qui vediamo, al centro della composizione, il banchiere Albert Hecht con il binocolo, mentre Dihau è ritratto fra il pubblico, mentre assiste allo spettacolo. Il dipinto, realizzato nel 1872 circa, fu acquistato subito dal mercante Durand-Ruel, che lo espose a Londra.

7-8. La conversazione
1895 circa,
New Haven,
Yale University Art Gallery.
La genesi e l'identificazione dei personaggi di quest'opera non sono semplici. Pare infatti che Degas abbia iniziato questo dipinto nel 1884, e che l'abbia portato a termine molti anni dopo, nel 1895. I due personaggi ritratti sono forse da identificare con lo scultore Paul Albert Bartholomé e sua moglie Périe, morta nel 1887. Bartholomé, che fu intimo amico dell'artista (uno dei pochi frequentati negli anni intorno al 1890-1894), introdusse Degas nella pratica della scultura e gli presentò Suzanne Valadon.

6

7

8

PAUL CÉZANNE

(Aix-en-Provence, 1839 - 1906)

Il 19 gennaio del 1839 nacque a Aix-en-Provence Paul Cézanne, figlio di un cappellaio divenuto poi banchiere. Nel 1852, al collegio Bourbon, Paul diventò amico del compagno Émile Zola. Conclusa giurisprudenza, dal 1861 visse tra Aix e Parigi, dove frequentò l'Académie Suisse e conobbe Pissarro; si introdusse quindi nell'ambiente del Café Guerbois. Nella capitale espose, senza successo, al Salon des Refusés del 1863. Le cose non andarono meglio col Salon ufficiale, che respinse anno dopo anno (tranne nel 1882) le opere da lui inviate. Nel 1870 evitò l'arruolamento nella guerra franco-prussiana trasferendosi a L'Estaque, in Provenza, in compagnia di Hortense Fiquet, la modella che sarebbe diventata sua moglie. Nel 1872 fu a Pontoise con Pissarro che lo convinse ad abbracciare le tesi della pittura impressionista. Alle permanenze ad Aix, a Pontoise con Pissarro e a Auvers-sur-Oise presso il dottor Gachet, alternava soggiorni a Parigi. Partecipò a due delle mostre impressioniste: alla prima del 1874 e alla terza del 1877, deriso e biasimato per dipinti come *La casa dell'impiccato ad Auvers* (1874) e le *Tre bagnanti* (1875-1877). Gli unici ad apprezzarlo sembrarono essere l'amico Zola e il critico Georges Rivière. Dopo questa data, praticamente si isolò non esponendo quasi nulla per circa vent'anni e prendendo le distanze dalla tecnica impressionista a favore di una pittura costruttiva. Iniziò così il "ritiro" in Provenza, sia pure con puntate a Médan da Zola (dove conobbe Huysmans) e a Pontoise (dove incontrò Gauguin). Nel 1886 ruppe l'amicizia con Zola, il quale nell'*Oeuvre* appena pubblicato aveva adombrato nel protagonista proprio Cézanne, descrivendolo come un pittore fallito. Nel 1886 la morte del padre lo lasciò erede di una cospicua fortuna e della tenuta del Jas de Bouffan (poi venduta nel 1899). Negli anni del "ritiro", l'aspro paesaggio della sua terra gli ispirò opere sempre più mature, come i celebri dipinti che tra il 1882 e il 1887 dedicò alla montagna Sainte-Victoire. Nel 1894 i suoi dipinti appartenuti a Tanguy furono messi in vendita, e vennero acquistati da Vollard che diventò il mercante di Cézanne. La sua arte divenne sempre più apprezzata, prima dai giovani pittori e poi dal grande pubblico, a partire dalla personale del 1895 che fu un trionfo, e soprattutto dall'esposizione del Salon des Indépendants del 1899. Così pure l'esposizione al Salon d'Automne del 1904. Dal 1900, ammalato di diabete, rimase quasi sempre a Aix-en-Provence dove, colpito da un fulmine mentre dipingeva all'aperto, morì nel 1906.

1

1. Un figlio del popolo
Il ritratto mostra il giovane Paul all'età di ventidue anni. La famiglia era di lontana origine italiana, per la precisione di Cesana Torinese. Malgrado la ricchezza conquistata dal padre, la provenienza familiare da un ceto inferiore a quello di molti degli artisti impressionisti gli creava un certo disagio. Un gustoso aneddoto al proposito ci viene descritto da Monet; incontrando Manet, Cézanne si levò il cappello in cenno di rispetto dicendo: «Non le do la mano, signor Manet, non mi lavo da otto giorni».

2. L'atelier ai Lauves
Nel 1902 Cézanne sistema ai Lauves un nuovo studio che domina dall'alto la città, e da dove gode di un'ottima vista sulla montagna Sainte-Victoire.

2

3

4

3-4. Madame Cézanne nella serra
1890-1892,
New York,
Metropolitan Museum of Art.
Negli anni Sessanta, Cézanne conobbe Hortense Fiquet, che fu prima sua modella e poi sua moglie. Dolce e modesta, Hortense posò per diverse opere, accettando pazientemente di essere tiranneggiata da un artista che, in media, costringeva a centocinquanta sedute per un ritratto. I primi anni della sua storia con Hortense furono molto difficili, anche a causa del padre di lui, che osteggiava il rapporto.

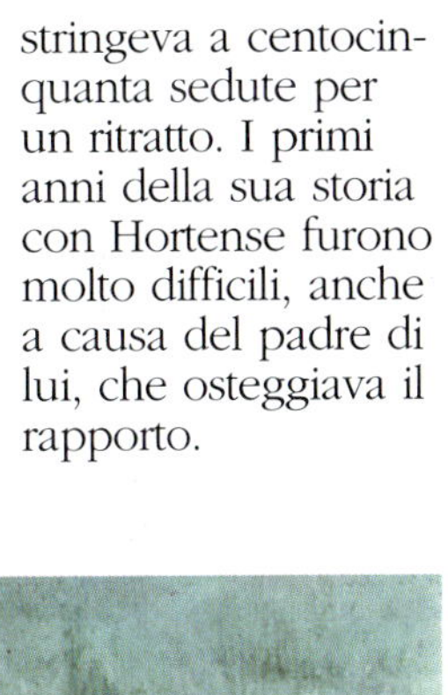

6

5

5-6. Natura morta con bottiglia di liquore alla menta
1890-1894,
Washington,
National Gallery of Art.
Se la personalità di Cézanne lo aveva portato a coltivare un genere come la natura morta, anche la frequenza con la quale sono dipinti taluni soggetti, per esempio le mele, sembra indicare precise preferenze. Da molti critici le mele sono citate a dimostrazione dell'"insignificanza" degli oggetti dipinti dal maestro. Altri invece hanno posto l'accento sulle implicazioni simboliche di un frutto che appare collegato alla sfera della sessualità. Ma c'è anche un'altra possibilità: la mela potrebbe rappresentare non solo il sogno di una soddisfazione erotica, ma più in generale la difficoltà dei rapporti umani.

1

1-3. Le grandi bagnanti, II
1900-1905,
Londra,
National Gallery.
Il motivo delle bagnanti, soggetto di derivazione classica, si collega ai ricordi di gioventù del pittore, ai bagni fatti con Zola e Bazille nell'Arc e nella Torse. Le figure delle bagnanti simboleggiano il principio femminile, la potenza creatrice primigenia: il tipo muliebre che compare nel ciclo sembra avere il suo referente in Demetra, la dea greca della terra coltivata e del grano: la divinità legata all'eterno ciclo della natura. Per questa serie, Cézanne si è servito di disegni, studi e copie di capolavori dell'arte antica. L'artista li ha utilizzati soprattutto per fissare i punti chiave della composizione, prestando molta più attenzione alla componente strutturale piuttosto che al movimento e all'espressione.

4

2

4. Ritratto di Anthony Valabrègue
1870 circa,
Malibu,
Paul Getty Museum.
Il personaggio ritratto, un compagno di scuola dell'artista nativo di Aix-en-Provence, fu eletto a furor di popolo funzionario della nuova amministrazione comunale di Aix con la terza Repubblica. Valabrègue prese parte al censimento per l'organizzazione della Guardia nazionale, e forse grazie a lui Cézanne ottenne l'incarico di membro del comitato per la scuola d'arte e per il museo. Malgrado ciò Cézanne rimase in disparte all'Estaque e non partecipò mai alle riunioni. Valabrègue fu un personaggio piuttosto noto anche a Parigi, dove frequentava il circolo di intellettuali del Café Guerbois.

3

5

5-6. L'Estaque e villa d'If
1884,
Cambridge,
Fitzwilliam Museum.
Durante il conflitto franco-prussiano, Cézanne si ritirò all'Estaque, località marina presso Marsiglia, e non lontana da Aix. Nel tranquillo villaggio l'artista visse con Hortense, sua modella e compagna, e lì tornò in seguito, lasciando testimonianza di questi soggiorni in dipinti come questo. La località molto celebre ha il parallelo descrittivo letterario in Zola, il quale la descrisse così in un suo romanzo: «Il villaggio, che volge le spalle ai monti, è percorso da strade che si perdono in un labirinto di rocce frastagliate. Niente eguaglia la selvaggia maestà di queste gole scavate tra le colline, degli stretti sentieri che serpeggiano al fondo dell'abisso, dei pendii coperti di pini e dei muri color ruggine e sangue».

6

7

8

7-8. Castagni e fattoria a Jas de Bouffan, 1894,
Pasadena,
Norton Simon Art Foundation.
Soggetto più volte dipinto da Cézanne, Le Jas de Bouffan era una proprietà del padre, presso Aix-en-Provence. Qui l'artista trascorse lunghi periodi di ritiro, contemporaneamente ai soggiorni di Sisley presso Moret, di Pissarro a Eragny, di Monet a Giverny, tanto che, per mantenere i contatti, il gruppo aveva stabilito di incontrarsi a Parigi almeno una volta al mese. Nella casa di Le Jas de Bouffan Cézanne si trasferì nel 1886. Renoir lo raggiunse nel 1888 e trascorse con lui un fecondo periodo di lavoro. Il quadro è costruito secondo un'equilibrata composizione e un certo rigore. Della pennellata impressionista rimane un ricordo nelle fronde dei rami degli alberi e nel tono cromatico del dipinto.

Le donne

Berthe Morisot

(Bourges, 1841 - Parigi, 1895)

Nata a Bourges nel 1841, dal 1857 studiò a Parigi con Guichard, e fra il 1862 e il 1868 fu allieva, insieme alla sorella Edma, di Corot. Cominciò così a dipingere all'aperto "sur le motif". Espose regolarmente ai Salon, e in quello del 1868 conobbe Manet e accettò di posare per lui: Berthe ne fu sicuramente innamorata, ma il loro rapporto restò sempre entro i limiti di una stima reciproca. Nel 1874 si celebrarono invece le nozze della pittrice con il fratello di Manet, Eugène. Il grande artista ebbe un forte ascendente anche sullo stile pittorico della Morisot, che specie dal 1873 – anno dell'ultimo Salon a cui partecipò – fece propria la tecnica impressionista. Con le sue opere fu presente a quasi tutte le mostre impressioniste, mostrando di prediligere soggetti con marine (*Il porto a Lorient*, 1869), paesaggi dai toni delicati e scene familiari (*Ritratto della madre e della sorella*, 1869; *La culla*, 1872; *Donna seduta*, 1879; *La sala da pranzo*, 1884). Viceversa, Manet fu influenzato dalla sua tavolozza dai toni delicati.

Mary Cassatt

(Pittsburg, 1845 - Mesnil-Théribus, 1926)

Nata a Pittsburg, negli Stati Uniti, nel 1845, era figlia di un facoltoso imprenditore. Giunta a Parigi nel 1866 con alle spalle una solida istruzione accademica, conobbe Degas, con il quale instaurò un legame molto stretto, e che fu favorevolmente colpito dalla pittura insieme rigorosa e delicata dell'artista statunitense. Introdotta da questi nell'ambiente degli impressionisti, la pittrice partecipò alla quarta mostra del gruppo nel 1879. Suoi temi preferiti furono scene di vita familiare, raffigurate a olio, in raffinati disegni. Praticò anche la tecnica dell'acquaforte, insieme a Degas e a Pissarro. Predilesse il tema della maternità (*Madre che lava il bambino*, 1880). Partecipò poi alle mostre del 1880, del 1881 e del 1886. Le sue amicizie negli ambienti dell'alta società americana servirono a promuovere oltreoceano l'arte degli impressionisti (decisivo, per il successo della mostra newyorkese organizzata nel 1886 dal mercante parigino Durand-Ruel, l'acquisto di quaranta quadri da parte del banchiere Havemeyer). Morì a Mesnil-Théribus nel 1926.

1

1-2. Berthe Morisot **La madre e la sorella dell'artista** 1869-1870, Washington, National Gallery of Art.
La genesi del dipinto, esposto al Salon del 1870, causò all'artista non poche preoccupazioni; il quadro fu infatti ritoccato da Manet, come la Morisot stessa racconta alla sorella Edma. Quattro anni dopo il dipinto fu incluso tra quelli esposti alla prima mostra degli impressionisti.

2

3

3. Berthe Morisot
Giorno d'estate
1879,
Londra,
National Gallery.
Il quadro più propriamente impressionista della Morisot, con le sue pennellate ampie e fluide, con la sua aspirazione a catturare il colore e la luce, è ambientato al Bois de Boulogne. A differenza della maggior parte dei pittori che necessitavano di grandi spazi extraurbani per i dipinti "en plein air", come disse Paul Valéry, ammiratore dell'artista, «Berthe invece si accontentava di ciò che la natura parsimoniosa aveva concesso a Parigi, traendone il massimo possibile per dipingere splendidi quadri».

4. Mary Cassatt
Madre che lava il bambino
1880,
Los Angeles,
County Museum of Art.
Il quadro ritrae la cognata (moglie del fratello Alexander) che quell'anno aveva passato una lunga vacanza a Parigi con il bambino. La Cassatt dipinse il quadro in un convincente stile alla Renoir.

5

4

5. Mary Cassatt
Ragazzina in poltrona blu
(part.),
1878,
Washington,
National Gallery of Art.
In questo intenso ritratto di bambina, la figura ha una posa quasi esageratamente casuale, e colpiscono in particolare l'uso del colore delle poltrone foderate di blu, le fredde tonalità del tappeto e lo straordinario incarnato della bambina. Alcuni anni dopo la Cassatt scrisse ad Ambroise Vollard: «Era il ritratto della bambina di amici di Degas. L'ho fatto su una sedia; Degas mi ha molto approvato per questo e mi ha dato alcuni ottimi consigli sul fondo da usare, lavorandoci anche lui stesso».

I MINORI

FRÉDÉRIC BAZILLE

(Montpellier, 1841 - Beaune-la-Rolande, 1870)

Jean-Frédéric Bazille nacque a Montpellier nel 1841. Nel 1862, a Parigi, nello studio del pittore Charles Gleyre, conobbe Monet, Sisley e Renoir, con i quali si dedicò alla pittura "en plein air" nella foresta di Fontainebleau. Fra il 1866 e il 1868 divise lo studio in rue de la Paix con Monet e Renoir.

Quest'ultimo lo ritrasse mentre dipingeva *L'airone* nel quadro dal titolo *Bazille al cavalletto.*

Tra i suoi dipinti più noti: *L'abito rosa* (1865); *Ritratto di Renoir* (1867); *Veduta di villaggio* (1868); *La famiglia sulla terrazza* (1869); *Lo studio dell'artista* (1870). Arruolatosi nel 1870, allo scoppio del conflitto franco-prussiano, morì sul campo il 28 novembre dello stesso anno a Beaune-la-Rolande.

GUSTAVE CAILLEBOTTE

(Parigi, 1848 - Petit Genne Villiers, 1894)

Nato a Parigi nel 1848, Gustave Caillebotte era figlio di un imprenditore residente nell'elegante boulevard Haussmann. Lasciati gli studi giuridici imposti dai genitori per dedicarsi alla pittura, nel 1873 Gustave fu "scoperto" da Monet. Dopo questo incontro, diventò uno dei più accesi sostenitori e mecenati degli impressionisti. Al Salon del 1875 venne rifiutato il suo dipinto *I piallatori di parquet.* Espose quindi alle mostre del gruppo, dal 1876 al 1882, partecipando direttamente all'organizzazione e talvolta sostenendole finanziariamente.

Comprò numerosi quadri degli artisti suoi colleghi, in particolare di Monet. Alla sua morte, lo Stato rifiutò la collezione di 67 dipinti dei maggiori impressionisti donata dall'artista con la condizione che fosse esposta al Louvre. L'ingresso al tempio dell'arte parigino fu negato fino al 1937.

ARMAND GUILLAUMIN

(Parigi, 1841 - Orly, 1927)

Nato a Moulins nel 1841, impiegato della ferrovia Parigi-Orléans, vide la sua vita capovolgersi grazie a una vincita alla lotteria nazionale nel 1891, che gli consentì di dedicarsi liberamente alla pittura. Amico di Cézanne e di Pissarro partecipò a quasi tutte le mostre del gruppo. La sua pittura è essenzialmente quella di un naturalista che rifiuta le mezze tinte; i suoi colori sono più accesi di quelli dei compagni e probabilmente il suo stile esercitò un forte influsso su Signac, van Gogh e Matisse.

Fu interessato soprattutto a soggetti di carattere sociale e di ambientazione urbana (*Ladri di carbone sul quai de Bercy*, 1882). Morì a Orly nel 1927.

1

1. Pierre-Auguste Renoir
Bazille al cavalletto
1867,
Parigi,
Musée d'Orsay.
Nell'inverno 1867-1868, Renoir fu ospite di Bazille nel suo studio parigino. Bazille stava lavorando ad una natura morta, *L'airone*, che fu dipinta anche da Sisley.

2. Frédéric Bazille
L'airone
1867,
Montpellier,
Musée Fabre.

2

3

4

3. Gustave Caillebotte
Autoritratto
1892,
Parigi,
Musée d'Orsay.
Caillebotte dipinse due autoritratti, di cui questo lo raffigura all'età di quarantaquattro anni, due anni prima di morire, e un altro andato invece perduto. Qui sembrano coesistere la tradizione iconografica rinascimentale con la tecnica impressionista.

4. Armand Guillaumin
Autoritratto
1878,
Amsterdam,
National Museum Vincent van Gogh.
Guillaumin era originario di Moulins e si era trasferito a Parigi appena adolescente. Apparteneva quindi alla generazione di Renoir e Bazille. Di umili condizioni, Guillaumin lavorava di notte per poter avere il tempo di dipingere durante il giorno. Il quadro ritrae l'artista all'età di trentasette anni.

5

5. Armand Guillaumin
Ladri di carbone sul quai de Bercy
1882,
Parigi,
Musée du Petit Palais.
Il quadro è un'esempio dell'interesse degli impressionisti per la rappresentazione dei vari aspetti della vita contemporanea. Attraverso la Senna i barconi portavano il carbone e la legna nel cuore di Parigi e la scaricavano sul quai de Bercy.

GLI EREDI:
VINCENT VAN GOGH
(Groot Zundert, 1853 - Auvers-sur-Oise, 1890)

La storia di van Gogh ha inizio a Groot Zundert, nell'Olanda meridionale, sul confine belga. Il padre Theodorus, pastore protestante, vi si era trasferito nel 1849 e due anni dopo aveva sposato Anna Cornelius Carbentus. Per uno strano caso, Vincent Wilhelm nacque il 30 marzo 1853, lo stesso giorno in cui, l'anno prima, era morto il fratello primogenito e omonimo. L'infanzia dell'artista trascorse in un ambiente di provincia chiuso e bigotto, in una famiglia conformista in cui la personalità di Vincent si sviluppò all'insegna della ribellione. Le professioni generalmente svolte dai van Gogh erano quelle di ecclesiastico, come il padre, e di mercante d'arte, come tre fratelli del padre. Vincent le proverà entrambe con insuccesso. Il primo tentativo risale al 1869, all'età di sedici anni: Vincent venne assunto nella filiale della casa d'arte parigina Goupil all'Aja. Questo fu in assoluto il primo contatto con la pittura. L'esperienza si protrasse fino al 1873, quando fu trasferito alla filiale di Londra. In quell'anno si registra anche il primo soggiorno parigino di Vincent, che visitò il Louvre, il Luxenbourg e il Salon. Rientrato a Parigi nel 1875, riuscì a farsi licenziare in meno di un anno. Nel 1877 si trasferì ad Amsterdam presso lo zio Johannes, per preparare l'esame di ammissione alla facoltà di teologia. Nel 1879 ottenne un incarico come predicatore laico a Wasmes, centro minerario nel Belgio meridionale. L'esperienza trascorsa fra i minatori, dai quali mutuò le miserevoli condizioni di vita come esempio evangelico, dovettero segnare profondamente lo spirito di van Gogh, riuscendo comunque sgradite alle autorità del luogo. Dopo essere stato destituito dall'incarico, Vincent rientrò a casa nel 1881, quindi di nuovo all'Aja. Qui convisse con Clasina Maria Hoornik, una prostituta alcolizzata. In questo periodo dipinse paesaggi, soprattutto marine, e spazi suburbani, in linea con la scuola dell'Aja. Agli anni immediatamente successivi risalgono le tre versioni dei *Mangiatori di patate*. Nel 1883 si recò a Neunen, dai genitori, e nel 1886 finalmente a Parigi: qui strinse amicizia con Toulouse-Lautrec, Seurat e Gauguin, ed entrò in contatto con gli impressionisti. Nel 1888 si trasferì ad Arles, in Provenza, dove dipinse duecento quadri in quindici mesi, e dove si manifestarono le prime crisi psichiche. Mentre era in cura dal dottor Gachet, ad Auvers-sur-Oise, il 27 luglio del 1890, si tolse la vita.

1

1. Autoritratto con pipa
1886, Amsterdam, Rijksmuseum van Gogh. L'esecuzione del quadro risente ancora del realismo del periodo olandese che a poco a poco, durante gli anni parigini, lasciò il campo alla pennellata di marca impressionista, dai toni chiari e dal tocco rapido.

2

2. Theo
Al fratello Theo Vincent van Gogh fu legato per tutta la vita, intrattenendo con lui una fitta corrispondenza e confidando a lui tutti i suoi disagi.

3

4

3-4. Mulini ad acqua a Kol
1884.
Nuenen, località del Brabante settentrionale, è la nuova parrocchia a cui il padre di van Gogh è stato assegnato, e dove la famiglia dell'artista si è trasferita negli ultimi mesi del 1882. Nel dicembre dell'anno successivo Vincent si reca dai genitori, in casa dei quali si fermerà fino al novembre 1885, ripartendo alcuni mesi dopo la morte improvvisa del padre, scomparso nel mese di marzo. È un periodo fecondo per la sua produzione, durante il quale dipinge il suo primo capolavoro, *I mangiatori di patate*.

6

5

5-6. Campo di grano con cipresso
1889,
Londra,
National Gallery.
Il dipinto appartiene al triste periodo del ricovero nella casa di cura psichiatrica di Saint-Paul-de-Mausole, presso Saint-Rémy, in Provenza, diretta dal dottor Peyron. Vincent fu ricoverato lì l'8 maggio 1889: malgrado la diagnosi di epilessia poteva dipingere e uscire all'aperto. Disponeva inoltre di due stanze, e di condizioni di vigilanza non disumane. A Saint-Rémy visse fasi alterne, passando da periodi di iperattività a periodi di profonda depressione. Durante una crisi arrivò anche ad ingerire dei colori. Il fratello Theo, che nel frattempo si era sposato, non smise di stargli accanto, e lo aiutò a partecipare al Salon des Artistes Indépendants di Parigi.

1

1-2. La camera ad Arles
1888,
Amsterdam,
Rijksmuseum
van Gogh.
La camera raffigurata è quella dell'artista ad Arles, con lo scarno arredo e i pochi oggetti personali. Spiccano i quadri preferiti appesi sul letto. È questo uno dei pochi interni di van Gogh senza figure. Il dipinto è da considerare un'esercitazione, anche se di livello qualitativo altissimo, al punto che il pittore la considerava una delle sue opere migliori. Il quadro mira all'acquisizione di uno stile proprio dopo gli esperimenti parigini. Di questo soggetto esistono altre due versioni, conservate una a Parigi e l'altra a Chicago; quest'ultima, su toni dominanti verdi e azzurri, mostra un diverso uso della pennellata. La prospettiva, "scorretta" dal punto di vista tradizionale, non tiene affatto conto della rappresentazione spaziale scientifica.

3-4. Interno di ristorante
1887,
Otterlo,
Rijksmuseum
Kröller-Müller.
Van Gogh giunse a Parigi nel 1886, l'anno dell'ultima esposizione impressionista, in cui comparvero anche Seurat e Signac. In questo quadro, realizzato con la tecnica pointillista, si avverte chiaramente la profonda riflessione compiuta. Il soggetto è invece tipico dell'interesse verso la realtà metropolitana dei pittori impressionisti.

2

3

4

5

5-6. La chiesa di Auvers
1890,
Parigi,
Musée d'Orsay.
Ad Auvers-sur-Oise, località a pochi chilometri a nord di Parigi, van Gogh trascorse qualche mese prima della sua morte. Ad Auvers trascorreva i suoi momenti liberi anche il dottor Gachet, il medico omeopata che aveva in cura gli impressionisti. Proprio in casa di costui, van Gogh ebbe modo di vedere alcuni dipinti impressionisti, fra cui una veduta di Auvers di Cézanne, che lo stimolarono all'opera. A casa di Gachet van Gogh realizzò parecchi quadri, fra i quali un ritratto del dottore. In circa due mesi dipinse quasi ottanta quadri, in preda ad una foga che era senz'altro collegata alla malattia. Lo stesso pittore descrisse alla sorella Willemien il quadro con la chiesa: «Ho fatto un grande quadro con la chiesa del villaggio, in cui la costruzione sembra violacea contro un cielo blu profondo e piatto di puro cobalto; le vetrate sembrano delle macchie blu oltremare; il tetto è violetto e in parte arancione. In primo piano un po' di verde fiorito e della sabbia assolata rosa».

7-8. Peschi in fiore
1888,
Amsterdam,
Rijksmuseum
Vincent van Gogh.
Nel 1888 van Gogh lasciò Parigi per Arles, nel Midi della Francia. Quando giunse in Provenza, nonostante fosse ancora inverno, l'artista si entusiasmò del luogo, molto più solare della patria olandese e di Parigi. Tra i primi lavori eseguiti in primavera, numerosi dipinti di alberi in fiore, come questo pesco.

6

7

8

GLI EREDI:
PAUL GAUGUIN
(Parigi, 1848 - Hiva Oa, 1903)

Discendente da parte della madre Aline Chazal da nobile famiglia spagnola, con personaggi di spicco in campo politico e letterario, e figlio di Clovis, giornalista repubblicano, Paul nacque nel 1848. L'anno seguente, alla vigilia del colpo di stato di Luigi Napoleone Buonaparte, la famiglia si trasferì in Perù, dove risiedevano i discendenti della famiglia materna. Paul trascorse dunque l'infanzia a Lima, in condizioni di estremo benessere. Nel 1855 la madre fu costretta a rientrare in Francia per problemi familiari. La famiglia si trasferì, in tutt'altro clima, presso i parenti paterni ad Orléans, dove Paul si adattò ad un tenore di vita rigido ed economicamente modesto. Lì compì gli studi in un collegio e, a soli diciassette anni, decise di sfuggire alla sua condizione oppressiva e di imbarcarsi marinaio per girare il mondo. Nel frattempo, scoppiato il conflitto franco-prussiano, venne arruolato nella marina militare. Nel 1871, rientrato a Parigi, ebbe i primi contatti con la pittura come collezionista e dilettante. I quadri dipinti come passatempo sono nel segno di Corot e della scuola di paesaggisti di Barbizon. Nel 1874 stabilì un rapporto di amicizia con Pissarro, che può definirsi il suo maestro: nei soggiorni presso l'artista più anziano a Pontoise, nel 1879 e 1880, Gauguin ebbe occasione di incrociare anche Cézanne. Un primo successo fu l'accettazione di un suo paesaggio al Salon del 1876. Il suo esordio come artista fu alla mostra impressionista del 1879, dove gli apprezzamenti di critica e pubblico portarono Gauguin a concentrarsi esclusivamente sulla pittura, e ad abbandonare ogni altra attività. La nuova vita dell'artista allontanò da lui la moglie Mette Gad, la danese sposata nel 1873. Dopo un periodo trascorso a Rouen, in Danimarca e poi a Dieppe, segnato in pittura da una vena malinconica, Gauguin rientrò a Parigi e partecipò all'ottava e ultima mostra degli impressionisti. In seguito si trasferì a Pont-Aven, in Bretagna. Durante il soggiorno qui e a Le Pouldu, strinse amicizia con Emile Bernard, tra i fondatori della scuola di Pont Aven, con cui condivise i principi del sintetismo e del "cloisonnisme". Cominciò inoltre a lavorare con Champlet, noto ceramista di ottimo livello, che gli insegnerà la sua arte. Molto importante fu anche l'amicizia con van Gogh, stretta negli anni parigini. Dopo una serie di lunghi viaggi ai Tropici, nelle colonie francesi, Gauguin trascorse gli ultimi anni di vita prima a Tahiti e poi a Hiva Oa, dove morì nel 1903.

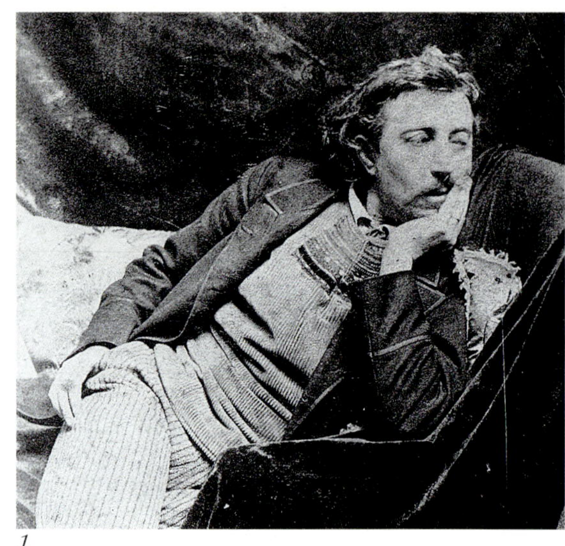

1

1. Boutet de Monvel **Ritratto fotografico di Gauguin** 1891. L'artista è raffigurato in età matura, nel suo studio di rue Vandamme. All'epoca Gauguin frequentava i caffè parigini, dove si riunivano i simbolisti. Lì lo conobbe lo scrittore Charles Maurice, che lo descrive così: «Un grande viso ossuto e massiccio, dalla fronte stretta, dal naso come spezzato, con una bocca dalle labbra strette e senza inflessione, con delle palpebre pesanti che si sollevavano pigramente su degli occhi un po' sporgenti».

2

2. Autoritratto (I miserabili) 1888, Amsterdam, Rijksmuseum van Gogh. L'autoritratto di Gauguin è dedicato «all'amico Vincent», ed è carico di intenzioni extrapittoriche. In alto sulla destra è appeso un piccolo ritratto dell'amico Emile Bernard, che scompare al cospetto della figura dell'artista.

3

3-4. La visione dopo il sermone
1888,
Edimburgo,
National Gallery of Scotland.
L'opera fu dipinta da Gauguin dopo aver visto il dipinto di Bernard intitolato *Bretoni in una prateria verde*, e riflette il suo interesse per le stampe giapponesi. Ma i riferimenti a opere anteriori, il giapponismo, la trasposizione delle cuffie bretoni in motivi decorativi, appaiono completamente trasformati da un disegno lineare e da un uso del colore antinaturalistico. In una lettera a van Gogh del settembre 1888, scrisse: «Credo di aver raggiunto nelle figure una grande semplicità rustica e superstiziosa». Il dipinto era stato realizzato per essere donato alla chiesa di Nizon, un villaggio presso Pont Aven. Gauguin vi si recò con Bernard e Laval, ma il parroco rifiutò l'opera, che fu esposta nel 1889 a Bruxelles.

4

5

5. Vahine no te Tiare (La donna col fiore)
1891,
Copenaghen,
Ny Carlsberg Glyptotek.
Il suggerimento di recarsi a Tahiti venne a Gauguin dalla moglie di Odilon Redon, originaria delle isole della Riunione. Per procurarsi il denaro necessario alla partenza, l'artista organizzò in febbraio una vendita all'asta delle proprie opere all'Hôtel Drouot. Il 23 marzo offrì un banchetto d'addio agli amici, organizzato da Maurice e presieduto da Mallarmé. Si imbarcò quindi il 4 aprile a Marsiglia. Dopo due mesi di navigazione, nel giugno 1891, Gauguin giunse a Tahiti. La prima impressione lo deluse: Papeete, capitale dell'isola, era già contaminata dalla civiltà occidentale. I primi dipinti tahitiani, alcuni ritratti su commissione, non si discostano dalla sua maniera precedente. Anche questo quadro, che è il primo tentativo di accostarsi al tipo fisico e psicologico maori, è dipinto come i ritratti eseguiti in Francia: la novità sta piuttosto nella tipologia femminile.

1

1-2. La pastora bretone
1886,
Newcastle upon Tyne, Laing Art Gallery.
In Bretagna, a Pont-Aven, un tipico villaggio che prende il nome dal fiume Aven, si recavano molti artisti di provenienza diversa. Gauguin vi si recò una prima volta nel 1886, dietro consiglio del pittore Jobbé-Duval, alla ricerca di tranquillità e di atmosfera per dipingere. Nel villaggio prese una camera alla pensione Gloanec, ed era conosciuto come «il pittore impressionista». In questa fase dipinse alcuni quadri usando pennelli di martora, che servivano a non far mescolare troppo i colori. Durante il primo soggiorno, Gauguin non fraternizzò con nessuno, serrandosi nella sua alterigia. Ma, due anni dopo, fu proprio a Pont-Aven che l'artista strinse un forte legame con Bernard, con il quale assieme a Laval, Denis e altri artisti, costituì la nota "scuola di Pont-Aven", movimento pittorico a carattere simbolista.

3-4. Anna Martin e la scimmia Taoa
1893.
Nel 1893, rimpatriato dal primo soggiorno tahitiano, Gauguin tornò a Parigi. Conobbe una giovane giavanese: la ragazza era giunta a Parigi per divenire la cameriera della cantante Nina Pack, che le diede il nome di Anna Martin. Presentata a Gauguin da Vollard, ne divenne l'amante: visse con lui nello studio parigino di rue Vercingétorix. Di passaggio a Concarneau, Gauguin litigò con due marinai che schernivano Anna e, a causa di una frattura alla caviglia, fu ricoverato in ospedale. La giovane andò a Parigi, saccheggiò lo studio lasciando solo i quadri, e scomparve per sempre.

2

3

4

5

5-6. Spiaggia a Dieppe
1885, Copenaghen, Ny Carlsberg Glyptothek.
Nel 1885 Gauguin attraversò un periodo molto difficile: senza risorse economiche, ridotto a fare qualunque lavoro per guadagnare e con il figlio Clovis gravemente malato, fu ospitato da un amico per qualche mese a Dieppe, sulla costa della Normandia. Nella stessa località, precedentemente, Monet vi aveva dipinto dei paesaggi; Gauguin non trovò grande stimolo nella campagna circostante, ma dipinse questa marina. Sempre a Dieppe incontrò Degas, con il quale non ebbe un rapporto facile. L'anno successivo partecipò all'ottava e ultima mostra dei pittori impressionisti con diciannove tele appartenenti a questa fase.

6

7

7. Giardino con la neve
1883.
Nel 1883 si verificò la crisi finanziaria che costrinse la banca presso cui Gauguin era impiegato al licenziamento. L'artista cominciò in quest'anno un cammino molto duro, segnato dall'abbandono della moglie danese. Dipinse alcuni quadri in cui rivela chiaramente l'influenza della pittura impressionista, in particolare di Pissarro, come questo paesaggio innevato. L'interesse e la vicinanza per il collega sono testimoniati in questo stesso anno da un dipinto con il medesimo soggetto e la stessa composizione. Sono questi gli anni di contiguità maggiore con la poetica impressionista, culminata con l'esposizione del 1886, dove espose opere eseguite in Normandia, a Rouen, in Bretagna e Danimarca.

GLI EREDI: GEORGES-PIERRE SEURAT

(Parigi, 1859 - 1891)

Nacque a Parigi, in rue de Bondy al numero 60, il 2 dicembre 1859. Suo padre, Antoine-Chrisostome, era originario della Champagne. Di professione speculatore immobiliare, lasciava spesso l'abitazione parigina di boulevard Magenta, dove viveva la famiglia, per recarsi nella casa di campagna a coltivare l'orto.

La madre, Ernestine Faivre, apparteneva alla piccola borghesia cittadina. Georges cominciò a disegnare a soli sette anni, proseguendo molti anni più tardi l'attività di pittore accanto allo zio materno Paul. Con lui dipinse "en plein air", nei dintorni di Parigi. Seguì i corsi della scuola municipale di disegno con un tirocinio tradizionale, impostato sulla prospettiva, copie dal vero e dall'antico.

Nel 1878 venne ammesso all'Ecole des Beaux-Arts, nell'atelier di Henri Lehmann, un allievo tedesco di Ingres famoso per i ritratti. All'Ecole scoprì i grandi maestri del passato: Raffaello, Poussin, Holbein ma, soprattutto, Piero della Francesca.

Nel frattempo studiava libri e trattati scientifici. Tra questi, fondamentale si rivelò la *Grammaire des arts du dessin* di Charles Blanc, con la teoria che i colori, assoggettati a leggi precise, si possono insegnare come la musica. Nel 1879 con gli amici Aman-Jean e Ernest Laurent affittò un atelier e lasciò l'Ecole. Da quel momento non abbandonerà più lo studio scientifico dei colori e delle leggi ottiche. Un altro "pilastro" alla base della visione di Seurat fu la pittura del grande colorista Delacroix. Nel 1884, escluso dal Salon ufficiale, espose al primo Salon des Indépendants il quadro *Bagnanti ad Asnières*, che fu il pretesto per l'interesse di Signac.

Le basi per il neoimpressionismo erano gettate. Insieme al nuovo amico sperimentò la nuova tecnica del "pointillisme", il cui prodotto più celebre e insieme apprezzato fu *La Grande-Jatte*, quadro che ebbe una notevole influenza sui pittori impressionisti.

Il 29 marzo 1891, a pochi giorni di distanza dall'apertura dell'esposizione degli Indépendants, Seurat morì di difterite, a soli trentadue anni. Lo seguì, lo stesso anno, il figlioletto di un anno, avuto in gran segreto dalla modella Madeleine Knoblock, la relazione con la quale emerse solo dopo la sua morte.

1

1. Giovane donna che si incipria
1889-1890,
Londra,
Courtauld Institute Galleries.
Questo dipinto fu realizzato tra il 1889 e il 1890 nel suo atelier, dove Seurat nascondeva la sua convivenza con la modella Madeleine Knoblock, che pochi mesi dopo mise al mondo Pierre-Georges, tenuto segreto nonostante il successivo riconoscimento legale.

2

2. Port-en-Bessin, avamporto
1888,
Parigi,
Musée d'Orsay.
A Port-en-Bessin, piccolo villaggio di pescatori, il pittore arrivò nell'estate 1888, con il programma di eseguire una grande tela in inverno, e trascorrere l'estate sul mare.

3

3-4. Modelle
1888 circa,
Londra,
National Gallery
(prestito dalla collezione Berggruen).
Seurat cominciò a lavorare al quadro subito dopo *La Grande Jatte* del 1886, come testimoniano numerosi schizzi preparatori. Per realizzarlo restò chiuso nel suo studio di boulevard de Clichy settimane intere. Il dipinto, che ritrae la stessa modella in tre pose diverse, ma tutte e tre decisamente "classiche", rappresenta il sofferto tentativo di estendere la tecnica pointilliste al nudo in un interno. Van Gogh vide l'opera mentre era ancora nello studio di Seurat e, affascinato, disse: «Se potessi fare io una tale cosa».

5-6. Il circo
1890-1891,
Parigi,
Musée d'Orsay.
È l'ultima opera dell'artista, che morì pochi giorni dopo averla esposta agli Indépendants. Così scrisse Signac di fronte al dipinto tornato in casa della madre di Seurat: «Al posto del letto dove il povero Seurat è morto, è appesa la sua ultima opera, *Il circo*. Io me lo immagino lì, come l'ho visto, raggomitolato nella tristezza della malattia, e sopra di lui, come un'apparizione luminosa, il suo Circo».

4

5

6

INDICE

Indice analitico

I numeri in tondo rimandano alla semplice citazione del nome, dell'opera o del luogo; quelli in neretto indicano la pagina dove è presente la riproduzione dell'opera citata; quelli in neretto corsivo indicano le pagine dove l'argomento viene più ampiamente trattato. I titoli delle opere sono ordinati alfabeticamente (trascurando gli articoli iniziali) all'interno della voce dell'autore. I nomi Francia *e* Parigi *non compaiono, come non compaiono i nomi dei luoghi dove si trovano i musei che ospitano le opere riprodotte. Fra virgolette alte sono indicati i titoli di riviste e giornali*

A

Académie des Beaux-Arts, a Parigi, 109; v. anche Ecole des Beaux-Arts
Académie Suisse, a Parigi, 12, 148, 156, 157, 164
Aix-en-Provence, 76, 104, 141, 164, 166, 167
Alexis, P., 125
Algeria, 148, 152
Alinari, Fratelli, 61
Aman-Jean, E., 180
Ambre, E., 109
American Art Association, 91
Amsterdam, 172
Anjou, quai d', a Parigi, 74
Anquetin, L., 122
Anthony, Mère, 12
Antille, isole, 156
Arc, fiume, 167
Argenteuil, 22, 52, 56, 58, 74, 80, 84, 100, 144, 148, 152, 155, 167
Arles, 172, 174, 175
"L'Artiste", 20, 151
Asnières, 52, 74
Astruc, Z., 20, 34, 112, 116
Auber, D. F. E., 109
Auguste, industriale, 109
Auvers-sur-Oise, 58, 72, 130, 164, 172, 175
Aven, fiume, 178

B

Barbizon, 7, 10, 12, 14, 16, 28, 176
Barcellona, 108
Bartholomé, P., 163
Bartholomé, P. A., 163
Batignolles, quartiere a Parigi, 50, 58
Batignolles, rue de, a Parigi, 116
Baudelaire, Ch., 12, 18, 112, 116, 136, 138, 144
I fiori del male, 138
Le peintre de la vie moderne, 138
Baville, Th. de, 116
Bazille, F., 12, 14, 16, 50, 58, 61, 66, 68, 112 116, 125, 140, 141, 143, 148, 152, 156, 158, 167, ***170***, 171
L'abito rosa, 170
L'airone, **170**
La famiglia dell'artista su una terrazza vicino a Montpellier, **68**
La famiglia sulla terrazza, 170
Monet dopo l'incidente, **115**
Ritratto di Renoir, 170
Lo studio dell'artista, 112, **113**, 140, 141, 170
La toilette, **66**
Veduta di villaggio, 170
Beaune-la-Rolande, 170
Belgio, 172
Belle-Île, 76
Bellevue, 70
Bellio, G. de, 109, 128
Bellot, E., 86, 122
Bérard, P. A., 154
Bercy, quai de, a Parigi, 171
Berlino, 44
Bernard, E., 52, 122, 176, 178
Bretoni in una prateria verde, 177
Bernhardt, S., 136
Bibesco, famiglia, 128
Bizet, G., 140
Blanc, Ch., 180
Blanche, J.-E.
Ritratto di Claude Debussy, **136**
Bois de Boulogne, 169
Bondy, rue de, a Parigi, 180
Bonington, R. P., 12
Boston, 44, 109
Boucher, 24
Boudin, E., 16, 34, 58, 60, 76
La spiaggia di Trouville, **16**
Bougival, 52, 54, 56, 70, 74, 148, 154, 158
Bouguereau, W. A., 61
Boulogne-sur-Mer, 48, 76, 147
Bourbon, collegio, 164
Bourges, 168
Boussod & Valadon, galleria d'arte a Parigi, 156
Boutet de Monvel
Ritratto fotografico di Gauguin, **176**
Brabante, 172
Bracquemond, F., 20, 34
Brasserie des Martyrs, a Parigi, 116, 130, 138
Brasserie Reichshoffen, a Parigi, 86
Brasserie Rude, a Parigi, 114
Braun, A., 61
Bretagna, 76, 176, 178, 179
Bruant, A., 122
Bruxelles, 177
Burty, Ph., 20, 38
Butte Montmartre, a Parigi, 52
Buttes-Chaumont, 48

C

Cabaner, 122
Café de Bade, a Parigi, 114
Café du Tambourin, a Parigi, 122
Café Fleurus, a Parigi, 114
Café Guerbois, a Parigi, 86, 116, 118, 120, 122, 125, 130, 136, 141, 144, 158, 160, 164, 166
Café Riche, a Parigi, 44
Café Taranne, a Parigi, 114
Café Tortoni, a Parigi, 114, **125**
Cagnes-sur-Mer, 152
Caillebotte, G., 36, 38, 40, 42, 58, 70, 74, 78, 82, 84, 100, 102, 125, 143, 148, ***170***
Autoritratto, **171**
I piallatori di parquet, **36**, 82, 170
Gli alberi di aranci, 70
Barca a vela ad Argenteuil, 74, **75**
Pont de l'Europe, 78, 100
Strada di Parigi, tempo piovoso, 78, 100, **101**
La festa dei canottieri, 84
Cambridge, 125
Canal Grande, a Venezia, 150
Capucines, boulevard des, a Parigi, 34, 42, 50, 106, 136
Carjat, E.
Ritratto di Charles Baudelaire, **134**
Carpaccio, 68
Cassatt, A., 169
Cassatt, L., 88
Cassatt, M., 40, 44, 50, 88, 91, 143, ***168***
Donna in nero all'Opéra, **38,** 40, 88
Madre che lava il bambino, 168, **169**
Ragazzina in poltrona blu, **169**
Castagnary, J., 38, 116, 138
Cesana Torinese, 164
Cézanne, 12, 16, 34, 36, 38, 40, 42, 52, 58, 61, 72, 74, 76, 94, 102, 104, 108, 118, 125, 130, 132, 141, 143, 152, 155, 156, 157, ***164-167***, 170, 175, 176
L'atelier ai Lauves, **164**
La casa dell'impiccato ad Auvers, 34, **35,** 36, 72, 164
La casa di "père" Lacroix a Auvers, **106**
Casa in Provenza (Beaurecueil), **106**
Castagni e fattoria a Jas de Bouffan, ***167***
Dentro una foresta, 106, **106**
L'Estaque e Villa d'If, **167**
Le grandi bagnanti, II, **166**
Madame Cézanne nella Serra, **165**
Una moderna Olympia, 34, **128**
Natura morta con bottiglia di liquore alla menta, **165**
Paesaggio, 104, **106**
Paul Alexis legge un manoscritto a Zola, **140**
Ritratto di Anthony Valabrègue, **166**
Ritratto di Guillaumin, acquaforte, **130**
Ritratto di Victor Chocquet, **131**
Tre bagnanti, 164
Chabrier, A. E., 109, 128, 140
Chailly, 14, 149, 158
Champ, *Caricatura dell'*Olympia, da "Le Charivari", **45**
Champagne, 180
Champfleury, pseudonimo di Jules Husson, 12, 20, 136, 138
Champlet, 176
Charigot, A., 84, 90, 152
"Le Charivari", 34, 45, 136
Charpentier, Georges, 40, 128, 148, 152, 158
Charpentier, Gervais, 128
Charpentier, madame, 152
Chatou, 52, 54, 74, 84
Chazal, A., 176
Chevreul, E., 26, 134, 132, 136
Chicago, 174
Chocquet, V., 36, 132

Circo Fernando, a Parigi, 50, 120
Clairin, F., 122
Clarétie, J., 45
Clichy, boulevard de, a Parigi, 116, 122, 181
Clichy, place de, a Parigi, 78
Cochon Fidèle, taverna a Parigi, 114
Concarneau, 178
Condamine, rue de la, a Parigi, 52, 112
Constable, J., 12, 16, 28, 158
La baia di Weyemouth, **12**
Coppée, F., 122
Cornelius Carbentus, A., 172
Corot, J.-B.-C., 12, 14, 16, 60, 61, 132, 150, 151, 156, 159, 168, 176
Mornex, Alta Savoia, effetto-mattino, **12**
Il ponte di Nantes, **6-7**, 8
Cortot, rue, a Parigi, 52, 70, 84
Courbet, G., 7, 8, 14, 16, 28, 58, 60, 68, 106, 116, 136, 138, 148, 156
L'atelier del pittore, 12, **61**
Dintorni di Ornans, al mattino, **30**
Funerale a Ornans,12, **61**
L'onda, **12**
Marina, **8**
Il ruscello nascosto, **8**
Gli spaccapietre, **10**
Couture, Th., 90, 144
Croissy, isolotto, 74
Cros, Ch., 20, 122
Curtis, famiglia, 150
Cuyp, A., 12

D

Daguerre, L.-J.-M., 26-28, 61
Danimarca, 176, 179
Daubigny, C. F., 10, 12, 14, 18, 136, 148, 149, 151
Tramonto sulla Oise, **18**
Villaggio presso Bonnières, **14**
Daudet, A., 128
Daumier, H., 14, 45, 88, 132, 138
Il pubblico davanti al Déjeuner sur l'herbe, **45**
De Nittis, G., 34, 125
Deauville, 76
Debussy, C., 140
Degas, E., 8, 12, 16, 18, 20, 24, 26, 28, 31, 34, 36, 38, 40, 44, 48, 52, 61, 66, 68, 76, 82, 86, 100, 102, 104, 108, 109, 118, 120, 125, 136, 143, ***160-163***, 168, 169, 179
Amici del pittore dietro le quinte, **128**
L'assenzio, **38**
Autoritratto, **160**
Ballerina che fa il saluto, **88**
Ballerina davanti a una finestra, 88
Ballerina di quattordici anni, 160
Ballerine, 88
Il balletto "Robert le Diable", 88, **163**
Il caffè concerto agli Ambassadeurs, 86, **87**
La conversazione, **163**
Copia dalla *Crocifissione* di Mantegna, **27**
Dalla modista, **162**
Degas con Geneviève Halévy Straus e altri, fotografia, **139**
Disegni dalle incisioni di Marcantonio Raimondi dal *Giudizio di Paride* di Raffaello, **26**
Donna su un divano che si fa pettinare, **42**
Donne al Café-Terrasse, sera, 86 (part.), **124**
Donne davanti a un caffè, 122
Dopo il bagno, **64**
Due stiratrici, **82**
L'Etoile, 88
La famiglia Bellelli, 68, **69**
Fantini davanti alle tribune, **161**
Giovani spartani che si allenano alla lotta, **41**
Gonne rosse, 88
Henri Rouart davanti al suo stabilimento, **130**
Interieur-Le viol, **102**
Lavandaia, **82**
Lavandaia, **162**
La lezione di danza, 88, 103
Manet che ascolta sua moglie al piano, 145
Miss La-La al circo Fernando, **38**
Musicisti all'orchestra, 88
Nudo che si acconcia i capelli, **66**
Orchestra all'Opéra, 88
L'orchestra dell'Opéra, **140**
Piccola danzatrice, **42**
Ritratto di Diego Martelli, **68**
Ritratto di Hilaire De Gas, **102**
Ritratto di Hortense Valpinçon, **161**
Ritratto di James Tissot, **114**
Scuola di danza, 88
Studi di figure, **102**
L'ufficio dei Musson a New Orleans, **32-33**, 34, 160
La vasca da bagno, **66**
Degas, R., 160
Delacroix, E., 7, 8, 24, 48, 60, 96, 132, 136, 180
Delaroche, P., 61
Delatre, stampatore, 20
Demay, V., 86
Demetra, 167
Denis, M., 178
Depeaux, F., 109
Desoye; coniugi, 18 (madame, 161)
Deudo, Ch., 109
Diaz de la Peña, N., 10, 12, 14, 60, 152
Dieppe, 80, 154, 176, 179
Dihau, D., 88, 109, 163
Doncieux, C., 58, 70, 90, 148, 151
Doria, A., 36
Dowdeswell's Galleries, a Londra, 91
Dreyfus, A., 141
Dufy, R., 52
Dumas, A., figlio, 66
Dupray, 122
Dupré, J., 10
Durand-Ruel, Ch., 91
Durand-Ruel, G., 91
Durand-Ruel, P., 36, 42, 44, 50, 56, 72, 109, 127, 148, 150, 152, 156, 158, 159, 163, 168
Duranty, E., 38, 40, 42, 116, 118, 125, 138
Duret, Th., 38, 116, 144

E

Ecole des Beaux-Arts, a Parigi: 12, 44, 120, 152, 156, 158, 160, 180, **112**
Edimbourgh, rue d', a Parigi, 80
Eisen, K., 18
Cortigiana, **18**
Epinal, 18
Epte, fiume, 56, 70, 150
Eragny-sur-Epte, 58, 70, 156
Ermitage, 58
Esnault, L., 45
Esposizione mondiale dell'arte e dell'industria di Boston (1883), 91
Esposizione Universale di Parigi (1867), 12, 14, 161
Esposizione Universale di Parigi (1889), 31
Esposizione Universale di Londra (1862), 161
Etretat, 58, 60, 76
"L'Evénement", 120, 141, 146

F

Faivre, E., 180
Faivre, P., 180
Fantin-Latour, H., 18, 22, 50, 112, 114, 116
Un atelier aux Batignolles, **112**, 140, 141
Faure, J.-B., 36, 109, 128
Fénéon, F., 44
Février, 122
"Le Figaro", 38, 141
Fiquet, H., 164, 165, 167
Firenze, 61, 160
Flachat, E., 80
Flaubert, G., 114, 128
Folies-Bergères, a Parigi, 50
Fontainebleau, 10, 12, 14, 28, 148, 152, 158, 170
Forain, J. L., 125
Fournaise, La, ristorante, 84

G

Gachet, P., 36, 109, 128, 130, 132, 164, 172, 175
Gad, M., 176
Gainsborough, Th., 158
Gambetta, L., 116
Gare Saint-Lazare, a Parigi, 80
Garnier, Ch., 31, 48
Gaspard-Félix Tournachon, v. Nadar
Gaugain, abate, 128
Gauguin, C., 176, 179
Gauguin, P., 40, 42, 44, 58, 156, 164, 172, ***176-179***
Anna Martin e la scimmia Taoa, **178**
Autoritratto (I miserabili), **176**
Giardino con la neve, **179**
La pastora bretone, **178**
Spiaggia a Dieppe, **179**
Suzanne che cuce, **38**
Vahine no te Tiare (La donna col fiore), **177**
La visione dopo il sermone, **177**
Gautier, Th., 45
Génin, caffè a Parigi, 114
Genova, 66
Gérôme, J.-L., 122
Giappone, 18
Giorgione, 64, 68, 144
Gisors, 82
Giverny, 22, 28, 30, 56, 70, 72, 128, 148, 150, 151, 167
Gleyre, M.-Ch.-G., 12, 114, 148, 152, 158, 170
Gloanec, pensione a Pont-Aven, 178
Gobelins, manifattura di arazzi, 134
Goncourt, fratelli, 18, 128
Goncourt, E., 18
Goncourt, J., 18
Gonzalès, E., 90
Un palco al Théâtre des Italiens, **88**
Goupil, casa d'arte, 172
Goya, F., 64, 144
Maja desnuda, 66
Grenelle, rue, a Parigi, 128
Grenouillère, La, stabilimento balneare e ristorante, 56, 74, 98
Groot Zundert, 172
Guérin, M., 162
Guerra, 104
Guichard, 168
Guillaumin, A., 12, 16, 34, 38, 44, 58, 130,

132, 143, 156, 157, ***170***
Autoritratto, **171**
Ladri di carbone sul quai de Bercy, 74, 170, **171**
Il ponte Luigi Filippo, 74
La Senna a Charenton, 74
Guillemet, A., 42, 141
Guys, C., 116, 138

H

Hachette, casa editrice, 141
Halévy, L., 140
Hauser, H., 147
Haussmann, G.-E., 31, 48
Haussmann, boulevard, a Parigi, 50, 170
Havemeyer, banchiere, 109, 168
Hecht, A., 163
Hiroshige III, 18
Hirsch, A., 80
Hiva Oa, 176
Hokusai, K., 20, 22, 58, 76
Il Saizado del tempio di Goyaku-rakanij, 22, **58,** 76
Trentasei vedute del Fuji, 76
Holbein, H., 24, 68, 180
Homer, W., *Studenti d'arte e copisti al Louvre*, da "Harper's Weekly", **26**
Honfleur, 16, 58, 148, 158
Hoornik, C.M., 172
Horoshige, A., 18, 22
Acquazzone improvviso su O-hashi, **23**
Scena notturna a Saruwaka-cho (dall'Album *Le cento vedute di Edo*), **18**
Hoschedé, A., 90, 148
Hoschedé, E., 36, 56, 109, 128, 130, 148, 149
Hoschedé, S., 90
Hôtel de Ville, a Parigi, 48
Hôtel Drouot, a Parigi, 36, 44, 52, 177
Houssaye, A., 151
Huysmans, J.-K., 140, 164

I

Ile de la Cité, a Parigi, 31
"L'Impressionniste", 38; copertina del n° IV, **36**
Inghilterra, 91
Inglis, J. S., 146
Ingres, J.-A.-D., 26, 48, 68, 160, 180
Isabey, J.-B., 60
Italia, 140, 150, 152, 160
Italiens, boulevard des, a Parigi, 50

J

Jacque, C., 12
James, H., 36
Jas de Bouffan, tenuta agricola, 164, 167
Jean Guijon, caffè a Parigi, 114
Jobbé-Duval, 178
Jongkind, J. B., 16, 30, 58, 60, 156
La Senna a Notre-Dame, **16**

K

Kahn, G., 116
Kandinskij, V., 94
Knoblock, M., 180
Koella, L., 146, 147
Kuniteru, 18
Kuniyoshi, U., 20
Gatti, **20**
Kyosai, K., 20

L

L'Aja, 172
L'Estaque, 76, 164, 166, 167
Lafitte, rue, a Parigi, 44, 50, 148
Lamothe, L., 160
Laurent, E., 180
Lauves, 164
Laval, 177, 178
Lavielle, E., 20
Le Havre, 20, 58, 60, 76, 148
Le Peletier, rue de, a Parigi, 36, 38, 50
Le Pouldu, 176
Leenhoff, S., 90, 144, 145
Lefranc, Mère, 84
Lehmann, H., 180
Lejosne, 118, 138, 146
Lemonnier, M., 128
Leningrad, rue, a Parigi, già rue Saint-Petersbourg, 78
Lepic, rue, a Parigi, 122
Leroy, L., 34, 38, 45
Les Halles, a Parigi, 50
Lille, 128
Lima, 176
Limoges, 152
Lione, 136
Liszt, F., 140
Londra, 44, 80, 91, 96, 109, 148, 156, 163, 172
Louveciennes, 56, 155, 156, 158
Louvre, a Parigi, 12, 24, 90, 152, 160, 170, 172
Louys, P., 160
Luigi Filippo, 24
Luigi Napoleone Bonaparte, 176
Luigi XIV, 48
Lumière, L., 28

M

Maître, E., 112, 140
Madeleine, boulevard de la, a Parigi, 44
Magenta, boulevard, a Parigi, 180
Maison Dorée, 44
Mallarmé, S., 44, 125, 127, 138, 140, 144, 152, 177
Manet, Edouard, 7, 10, 12, 14, 20, 22, 24, 34, 40, 42, 48, 50, 56, 58, 61, 62, 66, 68, 70, 80, 82, 86, 88, 109, 112, 114, 116, 118, 120, 122, 124, 125, 130, 132, 134, 136, 138, 140, 141, 143, ***144-147***, 148, 156, 160, 161, 168
Al café-concert, 124, **124**
Al caffè, 86, 124
Alla ferrovia, 80, **80**
Angolo di caffè-concerto, 124
Argenteuil, **53,** 84
Autoritratto con tavolozza, **144**
Il balcone, 90
Ballo mascherato all'Opéra, 88, **89**
Bar alle Folies-Bergère, **110-111**, 124
La barricata, **31**
Battaglia navale tra la Kearsage e l'Alabama, **76**
Il bevitore di assenzio, **137**, 138
Bevitrici di birra, 86, **124**
Le bon bock, 86, 122, **122**
Café-concert, 86
Un café en place du Théâtre Français, 86, 122, **122**
Café Guerbois (disegno), **116**
Cameriera con boccali in una birreria, 124, **124**
Cantante di strada, 90, **144**
La casa blu a Zaandam, **149**
Chez le Père Lathuille, 86, **123**
Chiaro di luna sul porto di Boulogne, **77**
Il chitarrista spagnolo, 109
Claude Monet e sua moglie nell'atelier galleggiante, 74, **46-47**, 96
Colazione nello studio, **147**
Copia della Venere di Urbino *di Tiziano*, **64**
Coppia ad Argenteuil, 144
Coppia in barca a vela, 84
Corrida, 146
Il corvo alla finestra, litografia, **138**
Cristo morto con angeli, **22**
L'homme qui rit, 120
Le déjeuner sur l'herbe, **10**, 45, 80, 118, 138, 144, 148, 149
L'esecuzione di Massimiliano, 109, **109**
La famiglia Monet in giardino, 98, **99**, 144
George Moore, **125**
Incontro di gatti, **20**
La lettura, **84**, 90
Lola de Valence, **21**, 138
Madame Manet al piano, 90, **144**
Musica alle Tuileries, **85**, 138, 140
Nana, **147**
Nudo disteso (disegno), **64**
Olympia, 45, **62-63**, 80, 90, 144
Il pifferaio, 20, **146**
Il ponte di Waterloo, 109
La prugna, **122**
Ragazza in giardino, 70
Riposo: ritratto di Berthe Morisot, **68**
Ritratto di Baudelaire, incisione, **136**
Ritratto di Eva Gonzalès, 90
Ritratto di Stéphane Mallarmé, **126-127**
Ritratto di Théodore Duret, **119**
Ritratto di Zacharie Astruc, **118**
Ritratto di Zola, **17**, **140**
Serveuse des bocks, 86
Spiaggia a Boulogne-sur-Mer, **60**
Sur la plage, 76
Torero morto, **146**
Manet, Eugène, 44, 90, 168
Manet, L., 144
Manica, La, 80
Manneporte, La, 60
Mantegna, A., 24, 26, 68
Marlotte, 12, 158
Marly-le-Roi, 56, 158
Marsiglia, 177
Martelli, D., 68, 125
Martin, A., 178
Martyrs, rue de, a Parigi, 116
Matisse, H., 60, 170
Maupassant, G. de, 56, 128, 160
Maurice, Ch., 176, 177
Maurier, G. de
Taffy à l'échelle (incisione), **114**
Mechanics' Hall, a Boston, 91
Médan, 56, 141, 164
Meley, M.-A., 141
Mendès, C., 125
Mérante, père, 104
Mesnil H., 161
Mesnil-Théribus, 168
Meurent, V., 80, 90, 145, 146
Millet, J. F., 10, 12, 14, 16, 48, 61, 82, 104, 136
Monet, C., 12, 14, 16, 18, 22, 26, 28, 30, 31, 34, 36, 38, 40, 42, 44, 52, 54, 56, 58, 60, 61, 68, 70, 74, 80, 82, 90, 91, 96, 98, 100, 102, 108, 109, 118, 125, 130, 132, 136, 143, 144, ***148-151***, 152, 154, 155, 156,

158, 160, 164, 167, 170, 179
Il bacino di Argenteuil, 74
Battello-studio ad Argenteuil, **52**, 74, 96
Boulevard des Capucines, 78
Camille in abito verde, 90, **151**
La casa dell'artista a Argenteuil, 70, **98**, 100
Le cattedrali (serie), 60
La chiesa di Vétheuil, **54**
Covoni alla fine dell'estate, **72**
Covoni, effetto neve, **94**
Covoni (serie), 72, 148
Crepuscolo a Venezia, **150**
Donna col parasole, 90
Donne in giardino, 70, **71**, 90, 96, 148
Donne sulla spiaggia a Trouville, **60**
Gare Saint-Lazare, 78, **81**, 96, **97**
La gazza, 72
La Giapponese, 22, **37**, 90
Giardino dell'artista a Giverny, 70
Il giardino di Giverny, **50**
Il giardino e la casa a Vétheuil, **55**
La Grenouillère, 24, **25**
L'Hotel des Roches noires a Trouville, **60**
Impression, soleil levant, **34**, 36, 60, 148
Monet nel giardino di Giverny (fotografia), **52**
Nebbia a Vétheuil, **54**
Ninfee (serie), **51**, 58, 148, 151
I papaveri, 72, **72**
Papaveri, 148
Passeggiata sulla scogliera a Pourville, 24, **24**, 76
Pioppi, 150
Pont de l'Europe, 78
Il ponte di Waterloo, **109**
Il ponte giapponese a Giverny, 70
Il portale. Armonia grigia, **29**
Il portale e la torre Saint-Romain, Armonia bianca, effetto mattino, **28**
Quai du Louvre, 24, **31** (part.)
Il quai du Louvre, **78**
Regate ad Argenteuil, **56**, 74
Rue Montorgueil, 78
Lo stagno delle ninfee, **151**
St. Germain l'Auxerrois, **78**
Strada nella foresta di Fontainebleau, **22**
Terrazza sul mare a Sainte-Adresse, 22, **59**, 76
Treno nella campagna, 80
Vele ad Argenteuil, 74
Vétheuil in estate, **52**
Vétheuil in inverno, **54**
Monginot, 147
Montfoucault, 58
Montmartre, 31, 50, 52, 70, 84, 86, 90, 112, 116, 125, 160
Montpellier, 130, 170
Moore, G., 120, 125
Moret-sur-Loing, 158, 159
Morisot, B., 12, 34, 36, 38, 40, 42, 44, 56, 68, 70, 82, 90, 98, 100, 102, 143, 152, ***168***
La culla, 34, **45**, 168
Donna seduta, 168
Eugène Manet e la figlia a Bougival, **70**
Giorno d'estate, **169**
La madre e la sorella dell'artista, 168, **168**
Il porto a Lorient, **76**, 168
Ragazza che cuce in giardino, 70
La sala da pranzo, 168
Moulin de la Galette, a Parigi, 52
Moulins, 170, 171
Murer, E., 56, 109, 128, 130, 132
Murillo, B. E., 24
Musée d'Histoire Naturelle, a Parigi, 134
Musée des Beaux-Arts, a Tours, 26
Musson, C., 160

N

Nadar, pseudonimo di Gaspard-Félix Tournachon, 34, 50, 106, 112, 116, 122, 136, 138, 136
Autoritratto sul pallone, **133**
Nudo, **134**
Ritratto di Courbet, **30**
Ritratto di Manet, **134**
Ritratto di Sarah Bernhardt, **135**
Studio dell'artista, **34**
Nancy, 18
Napoleone I, 24, 31
Napoleone III, 24, 31, 48
Napoli, 160
National Academy of Design, a New York, 91
National Gallery, a Londra, 96
Nuenen, 172
New Bond Street, via di Londra, 91
New Orleans, 160
New York, 44, 91, 109, 148
Nizon, 177
Normandia, 16, 30, 58, 76, 148, 179; cartina, **58**
Notre-Dame, cattedrale di Parigi, 30
Nouvelle Athènes, La, caffè a Parigi, 30, 86, 120, 125, **125**

O

Offenbach, J., 140
Oise, fiume, 130 (val d', 52; cartina, **50**)
Olanda, 16, 90, 148, 149, 172
L'Opéra, a Parigi, 16, 48, 50, 88, 104, 109, 163
Orléans, 176
Orly, 170
Osny, 58, 156
Oxford, 125

P

Pack, N., 178
Paix, rue de la, a Parigi, 158, 170
Palais de l'Industrie, a Parigi, 48, 50
Palazzo Barbaro, a Venezia, 150
Palermo, 140
Papeete, 177
Pavillon du Réalisme, 12
Perù, 176
Petit, G., 42, 148, 152
Peyron, dottor, 173
Picasso, P., 108
Piero della Francesca, 180
Pigalle, place, a Parigi, 120, 125
Pille, 122
Pissarro, C. 11, 12, 14, 16, 20, 31, 34, 36, 38, 40, 42, 44, 52, 58, 60, 70, 74, 82, 91, 100, 102, 104, 112, 118, 125, 130, 132, 143, 148, 155, ***156-157***, 164, 167, 168, 170, 176, 179
Autoritratto, **156**
Avenue de l'Opéra (part.), **31**
Boulevard des Italiens, mattinata di sole, **78**
Boulevard Montmartre, notte, **49**
Boulevard Montmartre, pomeriggio, giornata di sole, 78, **79**
Canapai lungo la Marna, **14**
La cava, Pontoise, **13**
La diligenza di Louveciennes, 156
L'eremo di Pontoise, **56**
La fattoria a Montfoucault, **94**
Fienagione a Eragny, **57**
Il fondo dell'Hermitage a Pontoise, **95**
Giovane contadina che beve il caffè, **42**
La Grenouillère, **74**
Macellaia, 82, **83**
Un orto a Pontoise, 72, **72**
Paesaggio a Pontoise, **157**
Place du Théâtre Français sotto la pioggia, 78
Pomeriggio di sole, rue de l'Epicerie, Rouen, **60**
Il ponte Boïeldieu, tempo piovoso, 104, **104**
Primavera a Eragny, **44**
Primavera a Louveciennes, **19**
La raccolta delle mele, 82
Ragazza con bastoncino (Contadina seduta), **15**, 82
Saint-Sever, porto di Rouen, **60**
La Senna a Port-Marly, 74, **74**
Le spigolatrici, 82, 104, **105**
La stazione di Upper Norwood, **80**
La strada per Louveciennes, 156
Tetti rossi, 156, **157**
Tramonto, Porto di Rouen, **104**
La Varenne-Saint-Hilaire, **11**
Pittsburg, 168
Poe, E. A., 20
Poissy, 56
Pont de l'Europe, a Parigi, 78, 80
Pont Neuf, a Parigi, 155, 156
Pont-Aven, 176, 177, 178
Pontoise, 14, 52, 56, 58, 70, 72, 82, 155, 156, 164, 176
Porte Chinoise, La, a Parigi, 18
Porte d'Aval, La, 60
Porte Saint-Denis, a Parigi, 50
Port-en-Bessin, 180
Poussin, N., 24, 180
Princesse, rue de la, a Bougival, 70
Proudhon, P.-J.,12
Proust, A., 42, 64, 118
Proust, M., 76
Provenza, 164, 172, 173, 175
Puvis de Chavannes, P., 61
Pyramides, rue des, a Parigi, 40, 50

R

Raffaelli, J.-F., 40
L'attesa degli invitati al matrimonio, **40**
Raffaello Sanzio, 64, 180
Raimondi, M., 64
Rat Mort, caffè a Parigi, 120, 122
"Réalisme", 116
Realismo del Quarantotto, 14
Redon, O., 44, 177
Reeves, società chimica inglese, 30
Rembrandt, H. van Rijn, 12, 24
Paesaggio con ponti in muratura, **22**
Renoir, P.-A.,12, 14, 16, 18, 24, 30, 32, 34, 36, 38, 40, 42, 44, 50, 52, 54, 56, 58, 66, 68, 70, 74, 82, 84, 90, 98, 100, 102, 106, 108, 109, 112, 125, 128, 130, 132, 140, 141, 143, 144, 148, 150, ***152-155***, 156, 158, 167, 169, 170
Alla fine della colazione, **86**
L'altalena, **70**
Bagnante bionda II, 66
Bagnante con grifoncino, **66**, 90
Ballo a Bougival, **84**
Ballo in campagna, 84
Ballo in città, 84
Bazille al cavalletto, **112**, **170**
Camille Monet in giardino, 98, **98**
Canottieri a Chatou, 84

Colazione dei canottieri, **43**, 54, 84, 91, 152
D'estate, 90
Festa araba, **44**
I fidanzati (o *I coniugi Sisley*), **158**
Gabrielle con la camicetta rossa, **108**
Giardino in rue Cortot, **70**
Il giudizio di Paride, **65**
Le grandi bagnanti, 66, 106, **107**, 152
La Grenouillère (Mosca), **92-93**
La Grenouillère (Stoccolma), **56**
La Grenouillère (Winterthur), **98**
La locanda di Mère Anthony, **121**
Madame Charpentier, **40**
Madame Monet che legge "Le Figaro", 90
Mademoiselle Romaine Lancaux, **153**
Monet che legge, **148**
La montagna Sainte-Victoire, **108**
Moulin de la Galette, 38, **39**, 84, 152
Nudo al sole, 66, **34**
Nudo sui cuscini, **155**
Gli ombrelli, **153**
Paesaggio invernale, **96**
Il palco, 34, **88**
La passeggiata nel bosco, **154**
I pattinatori al Bois de Boulogne, 78
Le petit-café, **86**
Pomeriggio dei bambini a Wargemont, **154**
Pont des Arts, 78
Il Pont Neuf, 78, **155**
Prima uscita, 88
Ritratto di Aline, **90**
Ritratto di Charles e Georges Durand-Ruel, **90**
Ritratto di Eugène Murer, **130**
Ritratto di Jeanne Samary, **129**
Ritratto di Madame Charpentier (part.), **128**
Ritratto di Paul Durand-Ruel, **90**
La Senna a Asnières, **96**
Sentiero nell'erba alta, **73**
Sisley che balla con la moglie, 84
"Revue comique", 136
"Revue française", 45
Ribera, J. de (Lo Spagnoletto), 24
Richepin, J., 125
Rimbaud, A., 120
"Le Rire", 136
Ristorante Alphonse Fournaise, 54, 84
Ristorante Grillon, 54
Rivière, G., 38, 152, 164
Rivoli, rue de, a Parigi, 18
Roma, 140
Rotterdam, 44
Rouen, 28, 30, 60, 104, 176, 179
Rousseau, Th., 9, 10, 28
Un albero nella foresta di Fontainebleau, **9**
Rousselin, A., 147
Rozerot, J., 141
Rupe Minore, scogliera, 60
Ruysdael, J. van, 12
Ryssel, 128

S

Sacré-Coeur, a Parigi, 31
Sadahide, 18
Sainte-Adresse, 58
Sainte-Victoire, 164
Saint-Germain, 118, 158
Saint-Germain-l'Auxerrois, place, a Parigi, 128
Saint-Honoré, rue, a Parigi, 42, 50
Saint-Lazare, stazione di Parigi, 78
Saint-Michel, 52, 98,
Saint-Paul-de-Mausole, 173
Saint-Rémy, 173
Saint-Thomas (Piccole Antille), 156
Saint-Victor, P de, 45
Salon d'Automne (1904), 164
Salon de Champ de Mars, 159
Salon des Indépendents, 164, 173, 180
Salon des Refusés, 64, 144, 156, 164
Sargent, J. S., 91
Schmitz, O., 109
Scholderer, 112
Sedan, 148
Segatori, A., 122
Senna, 52, 54, 56, 74, 84, 171 (cartina, **50**)
Sept Arts, rue de (foto d'epoca), **48**
Seurat, A.-Ch., 26, 44, 94, 104, 136, 156, 172, 174, 180, ***180-181***
Bagnanti ad Asnières, 180
Il circo, **181**
Giovane donna che si incipria, **180**
La Grande-Jatte, **44**, 180, 181
Modelle, **181**
Port-en-Bessin, avamporto, **180**
Une dimanche, l'après-midi à la Grande Jatte, v. *La Grande Jatte*
Sèvres, 158
Shunsho, 22
Signac, P., 44104, 136, 156, 170, 174, 180, 181
Silvestre, A., 118
Sisley, A., 12, 14, 16, 34, 36, 38, 40, 42, 44, 48, 56, 58, 72, 74, 100, 102, 118, 125, 130, 132, 143, 148, 152, 155, ***158-159***, 167, 170
Campi di grano ad Argenteuil, **159**
Il canale Saint-Martin, a Parigi, 74
La chiesa di Moret, **159**
Inondazione a Port-Marly, **36,** 38, 158
Nebbia a Voisins, 72
Il ponte di legno ad Argenteuil, **100**
La route de la princesse a Louveciennes, 158
Il sentiero dell'Etarché a Louveciennes sotto la neve, 72, **100**
Veduta di Montmartre, **114**
Société anonyme des artistes peintres, sculpteurs, graveurs, 34
Société des irregularistes, 44
Sonneville, G. de, 132
Stati Uniti d'America, 36, 91, 109, 168
Strindberg, A., 38
Sutton, J. F., 91

T

Tahiti, 176, 177
Tanguy, "père", 52, 164
Tavola dei colori di Chevreul, **132**
Théodore, madame, 104
Tintoretto, 24
Tiziano Vecellio, 24, 64, 66, 144, 155
Torque, fiume, 167
Toulouse-Lautrec, H., 52, 114, 122, 172
Tour Eiffel, 31
Tours, 26
Tréhot, L., 90, 152, 158
Trognette, 86
Trouville, 58, 76
Tuileries, a Parigi, 148
Turner, W., 12, 16, 28, 158
Pioggia, vapore, velocità, 80
Tramonto a Tours, **34**

U

Ukiyo-e, scuola di, 18, 22
Upper Norwood, 80
Utamaro, 22
Utrillo, M., 52, 84

V

Valabrègue, A., 166
Valadon, S., 52, 84, 163
Val-d'Oise, 58
Valéry, P., 140, 144, 169
Vallès, J., 122
Valpinçon H., 161
Valpinçon P., 161
Van Dyck, A., 68
Van Gogh, Theo, 156, 172, 173
Van Gogh, Theodorus, 172
Van Gogh, V., 52, 114, 122, 128, 156, 170, 176, 177, 181, ***172-175***
Autoritratto con pipa, **172**
Boulevard de Clichy, **118**
La camera ad Arles, **174**
Campo di grano con cipresso, **173**
La chiesa di Auvers, **175**
Donna al caffè du Tambourin, **120**
Esterno di caffè, di notte, **117**
Interno di ristorante, **174**
L'italiana, **120**
I mangiatori di patate, 172
Mulini ad acqua a Kol, **173**
Orti a Montmartre, **116**
"Père" Tanguy, **116**
Peschi in fiore, **175**
Van Gogh, W., 175
Vandamme, rue, a Parigi, 176
Velázquez, D. R. de Silva y, 24, 144, 153,
L'infanta Margherita, 153
Veneux-Nadon, 158
Venezia, 150
Vercingétorix, rue, a Parigi, 178
Verlaine, P., 120, 122
Versailles, 158
Vétheuil, 56, 70, 128, 148
Victor-Massé, rue, a Parigi, 52
"La Vie Moderne", 40, 42, 86, 148, 152, 158
Vienna, 48
Villa Gangi, a Palermo, 140
Villeneuve, J., 61
Villiers de l'Isle-Adam, Ph.-A.-M., 125
Vincennes, 48
Vollard, A., 122, 152, 160, 164, 169
Voltaire, boulevard, a Parigi, 109, 130
"Voltaire", 152

W

Wagner, R., 140
Wagram, principe di, 128
Walter, J., 45
Wasmes, 172
Watteau, A., 24
Whistler, J. A. Mc Neil, 16, 18, 50, 58, 91, 116
Willette, A., 122, 125
Wolff, A., 38

Y

Yerres, 70

Z

Zaandam, canale di, 149
Zandomenighi, F., 125
Zola, E., 20, 44, 45, 50, 56, 61, 70, 82, 106, 112, 116, 120, 127, 128, 132, 138, ***141***, 144, 146, 147, 152, 164, 167
Zurbarán, F. de, 24

Referenze fotografiche
Archivio Giunti.
Per quanto riguarda i diritti di riproduzione, l'editore si dichiara pienamente disponibile a regolare eventuali spettanze per quelle immagini delle quali non sia stato possibile reperire la fonte.